享受跑步

這樣跑才健康！

告別扭傷、膝痛，甩開運動傷害
教你不受傷，快樂動起來！

目錄
享受跑步
這樣跑才健康！

告別扭傷、膝痛，甩開運動傷害，教你不受傷，快樂動起來！

享受跑步
這樣跑才健康！

【審訂推薦序】
懂得避開運動傷害
才能感受跑步樂趣

文／王至弘（台大醫院骨科部運動醫學科主任）

適當的跑步益於身心健康，在動的過程讓力與能量在筋骨中流暢，自然能促進健康。但如何跑步？如何避免傷害？是需要學習的，本書提供完整概念和避免運動傷害的方法及治療。

本書也特別指出，積極治療運動傷害最根本的觀念和處方就是「運動治療」。經由動、靜態伸展，並強化核心肌群肌力，瞭解筋骨「運動鍊」在跑步過程中力量的產生、傳遞、移轉和釋放，就不會在運動時使用不當。同時「運動鍊」也是身心的覺知系統，可以察覺身體本身結構上是否有缺陷？是否運動時過度使用？因此能夠避免運動傷害，享受運動的快樂。

最後想要鼓勵跑者的是，跑者在跑步中嘗試自我的追尋、體會極限的痛苦和滿足，在不斷挑戰中，勇敢的跑出自己的人生，最值得喝采！

一本對所有跑者都有助益的跑步書

文／葉文凌（台灣運動醫學會理事長、林口長庚醫院外傷骨科主任）

　　跑步是簡單的運動嗎？由本書可知，需要了解及注意的事項真是不可勝數。

　　本書內容詳實且旁徵博引，可謂一時之選。也相信對各年齡層、各運動層級的跑者，必能有十分正面的效益。當然最終是跑者必須真的用心詳讀，且身體力行，屆時在享受跑步的樂趣及好處之餘，才可免病痛傷害之苦。

【好書實用推薦序】

健康跑，活力UP！

文／何卓飛（教育部體育署署長）

　　近年來國人瘋路跑，形成一股路跑風，根據統計，台灣的路跑活動從2006年不到100場，到現在一年路跑活動超過500場，慢跑已成為國人最喜歡從事的熱門運動之一，也衍生多元化的創意路跑活動，加上周邊運動用品、穿戴式裝置興起，除了活絡運動相關產業外，更有效提升規律運動人口，強化國民體能。

　　享受路跑樂趣的同時，路跑活動造成生命傷亡或運動傷害也時有所聞，所以在活動安全部分，體育署特別針對主辦單位訂頒「路跑活動參與者安全維護及權益保障應注意事項」。不過，路跑前個人的安全注意事項是什麼？跑步知識知多少？跑步姿勢有學問嗎？其實，不只要樂跑，更要「健康跑」。

　　董氏基金會長期與體育署合作推動學童健康運動，從「SH150」到「樂跑大富翁」。現在為了路跑愛好者，基金會所

發行的《大家健康》雜誌，還針對路跑者疑問，出版了《享受跑步，這樣跑才健康！》的路跑啟蒙書，相信閱讀之後，定能茅塞頓開，大大增加跑步續航力！

　　歡迎大家一起加入跑步行列，享受跑步樂趣，「Run For Health，Run For Happy」，養成規律運動習慣，就從今天開始！

有正確觀念
跑步才能變成一種享受！

文／陳焜耀（合隆毛廠董事長、四大極地超馬完賽者）

　　我是一個業餘的跑者。跑步要以自己的體力跟心情來衡量，剛開始時，不宜跑太快，可邊跑邊走，經過一段時間，等體力和肌耐力培養出來，自然能拉長跑步的距離。

　　一個人的體力跟嗜好都是需要培養的，其實每件事都一樣，非一蹴可幾。我時常和真正的跑者聊天，大家都是經過長期練習培養出來的，本書在〈PART1跑步運動前，你該懂的事〉即提到這樣的概念，並建議跑者一些實用有效的做法。我親身跑步的感受和實際經驗亦是如此，像平時就要持續的訓練核心肌群，如果沒有訓練，一下子跑得太久，很容易造成下肢運動傷害。

　　所以，不要強迫自己在很短的時間內跑得很快、很遠，這是不對的觀念，應按部就班的把自己的肌肉跟心肺功能都培

養好，慢慢讓身體各部位充分的協調與配合，這樣才不會有壓力，身體才不會受傷，跑步就會變成一種享受！

健康的跑、跑出健康！

文／葉金川（台灣健康運動聯盟創會理事長、台灣血液基金會董事長）

跑步現在已蔚然成風，變成一個時尚的運動；不管白天頂著和風太陽，或是晚上趁著微涼夜色，大家都樂在奔跑！

跑步的時候，身體在規律的運動，思路可以清明空白，也可以隨著身體的頻率而轉動，是一個完全不受干擾又自主的時間；揮灑汗水之後的輕快，能將思考能力篩洗得更靈光。

跑步看似簡單的庶民運動，其實眉角不少；既然是為了健康而跑步，就不該跑到受傷。

要怎麼健康的跑，跑出健康，就是一個值得深入瞭解的問題；《享受跑步，這樣跑才健康！》提供跑者許多知識和解決方案，讓跑者能避免受傷、安心奔跑！

用跑步，悅讀一座城市的美！

文／戴宏全（宏全國際董事長、三鐵運動愛好者）

　　微霧晨曦偷偷地透映出窗簾，眼前的光影啟動了調適時差的身軀，我翻開了不知身在何處的絲絨被窩，矇矓地拿起行李箱裡的慢跑鞋。嗯！也許是在巴黎或德列斯登？還是阿姆斯特丹或里斯本呢？踏上街道，吸一口新鮮空氣，灌醒了昏沈的腦袋及抖動的四肢。呼…哈…！當洛基主題戰歌的銅管聲在耳機撥放模式中乍然響起，我帶著探索都市的期待心情，清晨冷冽的路跑隨之展開！

　　「晨間漫跑」經常是我認識許多都市的第一步，也是在無數旅途中留下都會美好意象的最直接方式，雖然偶爾要付出點代價——早餐會報中不停地擦拭尚在興奮排汗的身體，或是在倫敦舊城鵝卵石路上長跑後髖骨受傷……，原本有個心願，想要出一本「晨間漫跑於世界都市之旅」的書，但隨著年紀增長及時間消逝，這遙遠的夢想有待瘋狂的年輕人去實踐了。此次《大家健康雜誌》新出版的慢跑專書《享受跑步，這樣跑才健

康！》教導讀者正確有效而不會造成運動傷害的慢跑方法，無疑讓我的夢想找到將來的後繼跑者可以依循努力的方向！

本人尤其推崇書中的一個論點，就是近年廣為流傳的姿勢跑法不一定適合每個人，因為每個人適合的跑步姿勢不同，只要依照正確的原則，就能找出最適合自己的舒適跑步姿勢。當然同樣的道理也能套用到跑鞋的挑選以及訓練的方法上。對於跑步有興趣的人、正要接觸跑步的人，或者已經有跑步經驗想要更進一步的人，本書帶來充足又正確的知識，讓你可以循序漸進的去感受跑步帶來的快樂，並享受在訓練過程中不斷進步的成就感，唯有不受傷的身體及堅定的毅力才能持續的跑下去。

點閱記憶的檔案夾，我找到一次在紐約與倫敦穿梭飛行之間，腦海裡閃現一個問題：到底紐約的中央公園跟倫敦的海德公園哪一個比較大？我幸運地從繁忙行程的夾縫中擠出時間跟體力，突發奇想地透過慢跑來量測，履行了杜威的實踐主義知識論，也驗證到所謂「行以致知」及「知益於行」的慢跑行動過程，比探詢答案的結果更令人激情感動、永銘於心。我深刻

體會到：每一段長跑，都是真的故事，也都是美麗的回憶！

　　至於我的疑惑：中央公園跟海德公園哪個比較大？還是護城河環抱的東京千代田皇居比較大呢？我想就有賴跑者親身去體驗了吧！

跑步也要懂得實用的運動常識

文／張嘉哲（倫敦奧運田徑馬拉松台灣國手）

　　文明讓坐姿生活時間大為增加，而身體肌肉已經漸漸退化的大眾，因跑步風氣的流行，紛紛又動了起來。跑步真的是一項健康身心的運動，但肌力退化與運動知識缺乏，增加了許多運動傷害發生的機會。本書訪問了專精運動醫學的骨科醫師、復健科醫師及運動防護員，其給予的建議，不論是對於跑步初學者，還是剛接觸任何運動的愛好者，都是相當實用的運動常識。

有預防醫學觀念
跑者更懂得預防運動傷害

文／郭豐州（國際超級馬拉松總會技術委員）

　　台灣一年超過500場的路跑賽，連氣溫高達30多度的夏日週末都有賽事，真可謂全民運動。不過，我們也觀察到跑者運動傷害案例越來越多，一方面，運動基本知識與技巧要補充；另一方面，一般跑者對運動醫學較陌生，所以受傷後的處理與復健方法都需要學習。

　　本書有兩位運動醫學領域醫生審訂內容，把臨床專業轉換成一般人可以看得懂的實用知識，加上預防醫學的觀念，讓我們跑者可以事先預防運動傷害的發生。《大家健康》雜誌出版這本好書，紮實地實踐董氏基金會服務人群的理念，我跟所有跑者一樣，非常盼望早日拿到出版的書，細細閱讀全文，充實自己的跑步認知。

【出版序】
為讀者帶來實用的新觀念和知識！

文／姚思遠（董氏基金會執行長）

　　董氏基金會除了發行實體版及電子版的《大家健康》雜誌外，亦有醫療保健、心理勵志、公共衛生、運動生活等類別的書籍規劃出版。2011年起，我們逐年增加書籍出版的比重，其中《人生的禮物：10個董事長教你逆境再起的力量》得到「UDN讀書人2014年1月選書推薦」、《照顧父母，這樣做才安心》受到「中時開卷2014年2月主題推薦書單」的青睞。近期出版的《預約膝力人生》、《蔬食好料理》等書，除了得到不少媒體推薦外，也在各大通路上有不錯的佳績，獲得許多專家、讀者的好評肯定。

　　此次出版《享受跑步，這樣跑才健康！》一書，《大家健康》雜誌編輯團隊，分別採訪知名骨科醫師、復健科醫師、物理治療師、運動防護員等，並由台大醫院骨科部運動醫學科主

任王至弘、台灣運動醫學會理事長、林口長庚醫院外傷骨科主任葉文凌審訂內容。

這本書的特色在於好讀易懂，適合各個階段的跑者，不用刻意照著一般坊間書籍強調的「標準跑姿」去跑，本書告訴你跑步的關鍵，在於掌握「身體的協調性」，學會了便可以輕鬆自在的跑步。

本書還有一個重要觀念，如果想跑得持久健康，就要懂得先避開運動傷害。書中完整告訴你跑步前後該懂的事，例如：跑步前，要先鍛練好核心肌群，留意跑者膝、避免阿基里斯腱中風及常見的運動傷害等；跑步後，要及時用5招緩解急性疼痛，學會利用按壓穴道、泡棉滾筒等器具輔助，消除酸痛不適。若不幸受傷，也要懂得用對方法治療及復健。

董氏基金會秉持用心製作每一本好書的理念，讓讀者從「悅」讀中，耕耘自己身心靈的健康。期待這本實用的跑步書，為讀者帶來有益的跑步運動知識和新觀念。

Part 1
跑步運動前
你該懂的事

1-1
跑步姿勢有學問
4重點讓你正確跑

　　跑步是許多人樂愛的運動，但你的跑步姿勢正確嗎？讓專家教你跑出好成績又不傷身！

　　你知道嗎？其實人類的骨骼結構，並不適合直立走路、跑步，不管你幾歲，如果想路跑又不傷身，到老還能健步如飛，就一定要了解正確跑姿，否則傷膝的速度、程度可能快到超乎想像！

　　古代人類跟動物一樣用四肢行走，直到200萬年前才演化成直立，但這麼久以來，骨骼卻未跟著演變成真正適合「直立」的結構，這就是為什麼老年人「退化性關節炎」那麼普遍的原因。

　　近幾年台灣人流行用運動來促進健康，「路跑」看似便

宜又方便，但國人運動經驗不足，盲目瘋路跑，背後常伴隨著「運動傷害」和「提早退化」的風險。要提醒的是，「運動傷害」不像甜甜圈或葡式蛋塔，瘋一波就過去了，新光醫院骨科運動醫學中心主任韓偉說：「『任何』運動傷害都不可能100％痊癒。」一旦受傷，一輩子都要保養患部，所以瘋路跑的同時，更要懂得預防運動傷害，以免關節退化提早在壯年期發生。

正確的跑姿是指用「最有效率、最省力且符合人體工學」的方式來跑步。人體如同一台汽車，肌肉、骨骼、關節都是零件，如果違反使用原則，就易造成傷害；相反地，若各部位能協調地運作，即便里程數多，車況也不一定差。

1 身體稍前傾，重心落在「觸地腳之前」更有利於向前邁進

從整體姿勢談起，附圖是標準的跑步姿勢圖，從側面看來「頭、脊椎、腳跟」可連成一直線，而身體稍微向前傾，

標準的跑步姿勢圖

身體向前傾

腳跟向臀部位，形成銳角，身體向前傾，利用地心引力自然邁出步伐。

身體重心在腳與地面的接觸點之前。

地面

若把身體重心往地面延伸，會落在「觸地腳之前」，這是因為跑步時，尤其是加速時，上半身會略向前傾。而「前傾」有利於向前推進，可以跑得更省力且更有效率。

　　曾任職業棒球隊的運動傷害防護員、平時有參與三鐵運動，也處理三鐵選手等運動傷害問題的王煥文指出，實務上有些派別贊成直立跑、重心落在觸地腳的全腳掌上，有些則支持前傾，重心落在「前腳掌」；所以坊間說法很多。而韓偉醫師回答，從醫學角度來看，只要腳觸地時，重心不落在腳後跟，或比腳後跟更後面，都是可行的。

2 避免同手同腳
手臂應呈90度自然擺動

　　四肢方面，手臂應自然地在身體前、後擺動，上、下臂之間約呈90度；因為平衡的關係，右腳觸地推進時，左手會自然擺盪到身體後方，反之亦然，不應有同手同腳情況出現。

3 步伐「小」比步伐「大」佳 更能提升跑步時身體的協調性

　　步伐要多大、膝蓋抬多高，看每個人的體型、身高而定，原則上「步伐宜小，不宜大」。王煥文防護員指出，跑步時全身要協調，步伐小、略提高膝蓋較易協調，相反地，步伐過大或膝蓋抬很高，會破壞協調性。

　　壢新醫院復健科醫師李朝智分析，當步伐太大，身體騰空的時間較長，重心就容易往後移，易用腳跟著地，這違背

跑步適合的「前傾」姿勢，運動效能當然不好。

　　至於跑步時要避免整個腳掌觸地嗎？韓偉醫師解釋，應該是「全腳底觸地、前腳掌推進」，腳跟只是「經過」，不是主要施力點，否則地面帶來的衝擊力太大，易產生下肢傷害。

4 跑姿協調最重要
別刻意照著標準動作跑

　　協調性很重要，有些人經過指導，特別想照著「標準跑姿」去跑，但太刻意，無意中肌肉緊繃，反而易酸痛或受傷，心情也無法放鬆；結果不學跑步還好，一學反而忘了「協調性」為何物，失去運動的樂趣，這就太可惜了。

（採訪整理／葉語容）

享受跑步
這樣跑才健康！

1-2
核心肌群練了嗎？
平日就要開始鍛鍊

　　想要更輕盈的跑步，遠離酸痛或受傷，「核心肌群」的訓練不能少，跑者須留意肋骨以下、骨盆以上的腰、腹肌肉群，這段核心肌群跑步時看似不動，卻是關鍵。

　　一個沒有訓練核心肌群的人，跑步時腰腹肌肉群易晃動，浪費能量又易引發慢性傷害；若有駝背，上半身重量更易壓在下半身，使下肢發生運動傷害的機會增高。

　　新光醫院骨科運動醫學中心主任韓偉建議路跑者，平時就要做核心肌群訓練，也就是「仰臥起坐」，且要用右肩向左、左肩往右的方式，以交叉的十字型來訓練核心肌群。

　　曾任職業棒球隊的運動傷害防護員、平時有參與三鐵運動，也處理三鐵選手等運動傷害問題的王煥文說，正式路跑

的賽場上，看到很多路跑新手上半身常上下、左右亂晃，這種跑法費力且跑不久，即使硬撐完比賽，也易酸痛。他也重申，正確的方法應該是平日多練核心肌群，跑步時才能以較輕鬆且有效率的方式運動。

「利用核心肌群穩定身體」對初學者來說或許不易理解，這就要靠平日多用核心肌群、多練仰臥起坐、俯後弓背等，訓練核心肌群，才能越來越感覺到如何控制；身體對於很少使用的肌肉，大多不太有感覺，唯有多鍛鍊、多用，才能強化本體感覺與控制力。而跑步時的核心控制，則是一種「微微提起腰、腹肌肉，略為繃緊」的感受。

想跑得健康又省力
要保持下肢觸地的彈性，別和地板硬碰硬

究竟為什麼跑步時，要控制核心肌群的穩定度？

第一個目的▶ 可讓前面提到的「頭、脊椎、腳跟」連成的那條直線保持住，不因疲倦而駝背、彎曲，這樣可增進跑步效

能。為了保持這條線，有些書籍甚至強調跑步時，臀部、大腿後側也要用力。

第二個目的 ▶ 不讓上半身的重量全壓到下肢，這樣能使下肢觸地時更有彈性、避免受傷。

試想一顆球觸地時會彈起來，是因本身有彈性，而一塊硬梆梆的水泥磚掉落地面，不是「砰」一聲發出巨響，就是受不了衝擊而碎裂，兩者的差別正是「彈性」。

因此，好的核心肌群控制，加上協調的四肢，會讓跑者像球一樣有彈性，跑得遠還游刃有餘；而用蠻力去跑，會讓身體像水泥磚一樣，與地板「硬碰硬」，首先衝擊的當然是下肢，下肢也就易產生運動傷害。

要提醒的是，不恰當的運動方式，無法增進健康，還可能帶來傷害，馬拉松的強度較高，跑姿錯誤反傷下肢；若想健康、愉快地跑下去，平日就要訓練正確姿勢、協調性，以及均衡鍛鍊全身肌肉，才能將受傷機率降低；甚至以此「正確的身體使用」為基礎，提高比賽成績。

（採訪整理／葉語容）

1-3

小心阿基里斯腱中風
選擇跑鞋有原則

　　跑鞋越軟越舒服？當心拉長阿基里斯腱反受傷！阿基里斯腱有多重要？美國球星Kobe Bryant就是因阿基里斯腱斷裂，職業生涯一度岌岌可危。用對方法選擇跑鞋，避開阿基里斯腱發炎受傷的3個原因，才能讓自己邁開步伐、跑出活力！

　　喜歡跑步的鈺明每天都要跑5公里，最近他換了一款鞋底一節一節的軟底跑鞋，原以為這雙鞋能幫他跑起來更輕盈，沒想到跑了幾天後，感覺腳跟疼痛，疼痛感一直蔓延到小腿，就醫時，醫師告訴他：「你的阿基里斯腱受傷缺血發炎，中風了！」

　　什麼是阿基里斯腱中風？台中澄清醫院中港院區復健

治療部主任蔡永裕解釋，阿基里斯腱位在腳跟至小腿（如圖），是人體最大的肌腱，肌腱是由數千數萬條肌纖維組成，運動時肌纖維會不斷產生小撕裂傷，這也是運動後肌肉酸痛的原因。

阿基里斯腱位在腳跟至小腿，是人體最大的肌腱。

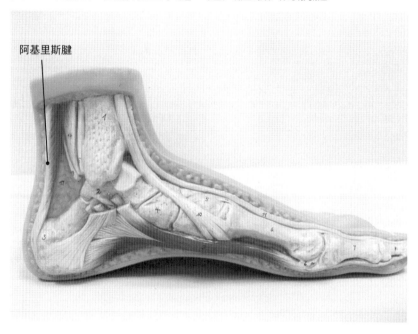

阿基里斯腱

模型提供／蔡永裕物理治療師　攝影／胡恩蕙

血液循環可修補肌纖維，但肌腱本身血液循環少，阿基里斯腱又是人體最大肌腱，當運動強度太大時，阿基里斯腱缺血，無法修補斷裂的肌纖維，就會造成阿基里斯腱慢性發炎甚至斷裂，這就是阿基里斯腱中風。

蔡永裕物理治療師指出，造成阿基里斯腱發炎的3大原因為：

1.場地選擇錯誤

有些人喜歡跑斜坡，上坡時腳背屈，阿基里斯腱被拉長，就容易拉傷。

2.無固定運動訓練

運動前未適當熱身就去跑步容易受傷。另外，周末運動族平常沒固定運動訓練，假日突然跑5、6公里，阿基里斯腱、足踝、膝蓋都容易受傷，建議一開始透過緩和動作暖身，從短距離開始跑，習慣後再慢慢增加跑步距離。

3.鞋子選擇錯誤

　　蔡永裕物理治療師建議，若非運動員或固定跑步者，不要選太軟的鞋。當腳踩在很軟的鞋裡，阿基里斯腱易被拉長，反而易拉傷。另外，有些人因阿基里斯腱疼痛，選擇軟鞋，或在鞋裡放軟鞋墊，都會讓阿基里斯腱被拉長，受傷發炎更難好。

避免阿基里斯腱受傷
選擇跑鞋 2 原則

　　蔡永裕物理治療師建議，避免跑步受傷，選擇跑鞋有以下兩大原則：

原則1 ▶ 跑鞋後跟高1公分

　　如果鞋底很平，阿基里斯腱被拉長較多，若跑鞋有微跟，阿基里斯腱不會過度拉扯，適合跑步、健走。蔡永裕物理治療師建議，跑鞋前後跟差1公分為宜（如圖）。

一公分

建議跑鞋前後跟最好差1公分。所謂「前跟」是腳拇指下面突出的地方，是腳底最寬處，「後跟」則是指腳跟的位置。

模型提供／蔡永裕物理治療師　攝影／胡恩蕙

原則2 ▶ 鞋底不要太軟

　　通常跑鞋分為內底、中底、外底，內底是直接與足部接觸的地方，中底具有避震功能，外底則與地面接觸。選擇跑鞋時，可用腳底或手部的重量按壓鞋底，如果明顯感覺到凹陷，通常是較軟的鞋底；如果重壓後，鞋底未明顯凹陷，顯示中底有彈性，是較適合一般人的跑鞋。

至於需不需要選購有氣墊的跑鞋？蔡永裕物理治療師<u>不反對有氣墊的鞋子，但原則是跑步時不能疼痛，如果穿了跑步會痛，表示氣墊太軟，就該換鞋</u>。

阿基里斯腱發炎
「運動治療」比「物理治療」更能遠離疼痛

當阿基里斯腱慢性發炎時，處理方法與慢性肌腱炎相同，一般會針對疼痛位置做物理治療，最常使用的是超音波治療，將超音波導入受傷組織，增加血液循環，促使肌腱纖維重新排列。

不過，蔡永裕物理治療師指出，比起儀器物理治療，運動治療更重要，「拉跟腱」是治療及預防阿基里斯腱拉傷的重要方法。

蔡永裕物理治療師提醒，剛開始受傷時，一動就痛，沒辦法拉跟腱，一般拉跟腱的時機是等炎性期過了之後再施作，或受傷後3～6天後再進行。

　　施作時盡量保持身體直立，臀部夾緊；切勿彎腰駝背或腰部過於伸展；一般會覺得後腿部有拉扯的感覺，若感覺疼痛即停止。

（採訪整理／胡恩蕙）

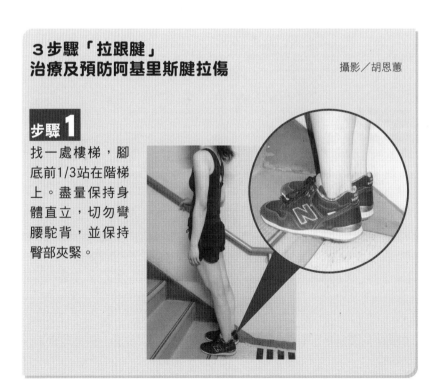

3步驟「拉跟腱」
治療及預防阿基里斯腱拉傷

攝影／胡恩蕙

步驟1

找一處樓梯，腳底前1/3站在階梯上。盡量保持身體直立，切勿彎腰駝背，並保持臀部夾緊。

步驟2

雙腳墊高。

步驟3

墊腳後，立刻將腳跟往下壓。一般會感覺後腿部有拉扯的感覺，此姿勢持續30秒，若感覺疼痛即停止。

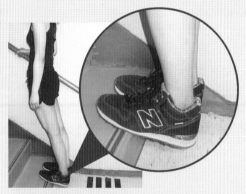

3步驟完成為一組動作，這組動作要連續做5～10次，一天可做4～8組。

1-4
貿然瘋路跑
當心跑者膝、膝蓋骨發炎！

　　智凱在3年前的一場路跑中，扭傷了右腳，家醫科醫師當時開給他一週的消炎止痛藥，並囑咐他暫停跑步1個月。1個月後他又開始慢跑，卻老覺得右腳怪怪的，在後來的3年裡，同個位置居然又扭傷了3次，智凱灰心地告訴朋友說：「我一定是老了、退化了才這樣」。然而，智凱才40歲，反覆扭傷真的是老化造成的嗎？還是之前的舊傷沒有完全痊癒呢？

　　<u>多數人只知道運動有益健康，卻對「運動傷害」一無所知，運動傷害的症狀表現很多樣化，不了解的人會將疼痛歸因於自己年紀大、退化了或體質不佳，殊不知多半是運動傷害引起。</u>

　　跑步造成的運動傷害，最常見的是「跑者膝」，其次是

「髖股骨關節綜合症」，及「半月板受損」，以下請骨科及復健科醫師來說明：

1 跑者的夢魘－跑者膝
髂脛束摩擦症候群

　　跑者膝是許多馬拉松選手都會遇到的煩惱。台灣運動醫學會理事長、林口長庚醫院骨科部外傷骨科主任葉文凌解釋，髂脛束連接大腿股骨和小腿脛骨（如圖），從大腿外側延伸到小腿接近膝蓋處。在髂脛束與大腿股骨交接處，有一滑膜，滑膜裡的水可緩衝髂脛束與大腿股骨的摩擦，但跑全馬、半馬時，髂脛束和股骨下端突出處一直摩擦，造成髂脛束與股骨間的滑膜炎，導致許多人跑步後膝蓋外側疼痛。

　　由於髂脛束從髖部往下連接大腿股骨和小腿脛骨，若髂脛束摩擦的部位在大腿股骨的下方，會導致膝蓋疼痛；若是靠近髖部的髂脛束和大腿股骨上端大轉子處摩擦，則會造成髖部疼痛。

髂脛束位置

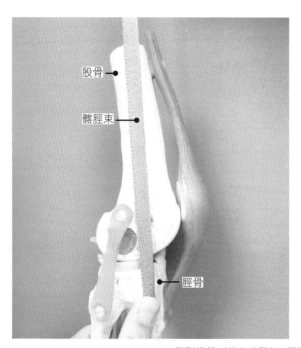

股骨

髂脛束

脛骨

模型提供／葉文凌醫師　攝影／胡恩蕙

2
膝蓋骨發炎
髕股骨關節綜合症

台中澄清醫院中港院區復健治療部主任蔡永裕說明，腳

踩下去時足弓往下壓，會造成小腿脛骨內轉，膝蓋的髕骨往外轉，髕骨外轉時，會與大腿的股骨摩擦（如圖），若頻繁摩擦，易使膝蓋的髕骨與大腿股骨交接處的軟骨磨損，產生發炎反應。

髕骨、股骨、脛骨位置

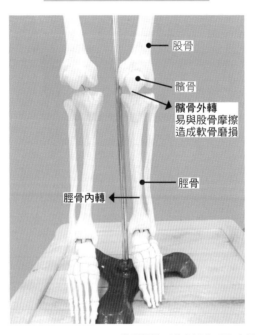

模型提供／蔡永裕物理治療師　攝影／胡恩蕙

葉文凌醫師指出，髕骨（膝蓋骨）關節是受力最大的關節，也是全身軟骨最厚（厚達7mm）的地方，顯示承受力量最大。

跑步時腳部受力大，身體壓在膝關節的重量也大，所以，膝關節的軟骨很容易磨損。

3 膝蓋的避震器 半月板受損

葉文凌醫師解釋，半月板位於股骨、脛骨中間，如同襯墊，有人稱半月板是膝蓋的避震器。

跑步的時候，身體重量不斷壓在膝蓋上，半月板受到擠壓，可能出現磨損、破裂的情形，一旦磨損或破裂，常帶來巨痛。

愛跑者最怕的就是上述3種運動傷害的發生，接下來的篇章要教你如何把「運動傷害防護」加入平時的訓練及比賽的行程中，才能跑得更快樂與自在。

半月板位置

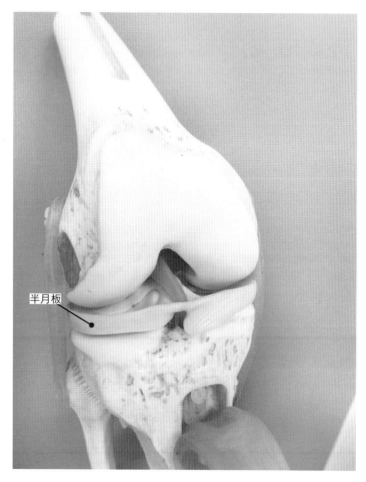

半月板

模型提供／葉文凌醫師　攝影／胡恩蕙

1-5

路跑前花10分鐘暖身
輕鬆避免運動傷害

　　靜華下班後習慣去公園慢跑，但由於下班時間晚，再加上隔天要上班，為了節省時間，靜華常暖身不到5分鐘，就直接開始跑步，最近他發現慢跑時小腿會持續酸痛，而且不會緩解，就醫後才瞭解，原來是沒暖身造成肌肉發炎。

　　愛跑者最怕的就是跑者膝、髕股骨關節綜合症、半月板受損等運動傷害的發生，醫生表示：運動傷害不可能100％痊癒，所以平時更需要把「運動傷害防護」加入訓練及比賽的行程中。

　　曾任職業棒球隊的運動傷害防護員、平時有參與三鐵運動，也處理三鐵選手運動傷害問題的王煥文分享，路跑比賽前後的防護步驟如下，平日練習也可這樣做：

　　賽前10分鐘全身「動態伸展」：也就是小跑步加上轉轉身體、彎彎腰、輕輕轉關節……之類的動態暖身；舊傷部位此時可先熱敷才進行熱身。

　　賽前10分鐘內的全身「靜態伸展」：各大肌群都要做，每個部位拉筋30秒～1分鐘，可做1～5回。此時伸展是為了暖身，所以強度不宜太強。

　　路跑賽程中若感覺疼痛需放慢速度，若放慢速度還持續疼痛，建議改成步行，用步行完成比賽

　　賽後做全身5～15分鐘的放鬆、舒緩伸展，讓身體緩和。

　　再冰敷下肢，高強度的賽後可雙腿直接浸入冰桶5～10分鐘，間隔幾分鐘讓體溫回復，可再浸一次，以降低發炎反應，並可降低延遲性酸痛的發生，也可降低疲勞感。

　　專家們都很強調「賽前暖身、賽後收操」的重要，王煥文防護員說「台灣人幾乎不熱身、不收操」，肌肉很容易緊繃，易累積慢性傷害。

　　新光醫院骨科運動醫學中心主任韓偉則指出，很多人比賽完肌肉還很緊繃就馬上離開，結果隨便一個轉身或簡單動

作，韌帶或肌腱就「啪」地一聲斷掉了，這就是省略賽前暖身、賽後收操的下場，請讀者不要吝嗇那一點時間，那幾十分鐘是非常關鍵的；把身體「操」得愈激烈，就相對要有更長的暖身和舒緩期。

另外，壢新醫院復健科醫師李朝智補充，沒受傷的人跑步或練習時，不必戴護膝，過度保護，久了反而會讓肌力下降。

有傷的人，暖身完就可全程戴著，但重點別選太緊的護膝。過緊會限制血液循環，讓患部不舒服，用過緊的護膝，不如在跑步後確實冰敷，防護的效果還比較好。

避免跑步受傷
運動前後，務必做伸展操

運動前，許多醫師或教練會提醒，熱身很重要。台灣運動醫學會理事長、林口長庚醫院骨科部外傷骨科主任葉文凌建議，跑步前先以慢跑做熱身運動，跑到身體核心溫度增加

1～2度，身體微微出汗，再做伸展操。

路跑後，同樣也要慢跑，逐漸將速度放慢，當作收操，慢跑完再做一次伸展操。

做伸展操的時機？

1.運動前、後的伸展。

2.膝蓋受傷後6至12週，做下列伸展操可為膝蓋做「主動式訓練」。長庚體系運動醫學小組防護員張家維說明，這麼做可恢復肌肉彈性，且給予受傷後增生的結締組織平行的力量，促進新生膠原蛋白正常排列，增加膝蓋負重能力。

伸展操怎麼做？

示範如下，若在家做，可不穿鞋：

1.伸展股四頭肌

・左腳站立，右腳往後彎曲，以右手抓住右腳腳踝，如此停
　止15～30秒，伸展大腿前側的股四頭肌。

・換邊進行，一天做3組。

2.伸展腿後肌

・左腳站立，右腳放在桌椅上，右腳上勾，以右手抓住右腳

　腳尖，如此停止15～30秒，伸展腿後肌。

・換邊進行，一天做3組。

3.初階伸展筋膜張肌

· 站直，右腳在前，左腳在後，呈交叉狀。

· 身體向下彎曲，雙手往下，彷彿要摸右腳，身體彎下程度
以自己能做到為準，不須勉強，此動作停留15～30秒。

· 換邊進行，一天做3組。

 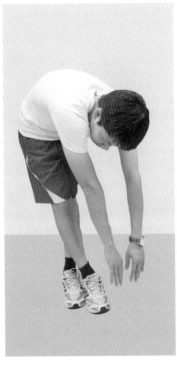

4.進階伸展筋膜張肌

· 同樣站直，右腳在前，左腳在後，呈交叉狀。

· 身體往右側彎曲，感覺側邊身體被拉緊，如此停留15～30
　秒。

· 換邊進行，一天做3組。

5.伸展髂腰肌

‧此動作有助於預防髖部的髂脛束摩擦，避免髖部滑膜炎。

‧左腳往前，右腳往後，做弓箭步的動作，停留15～30秒，
再換邊進行。

‧左右邊伸展完為一組，一天做3組。

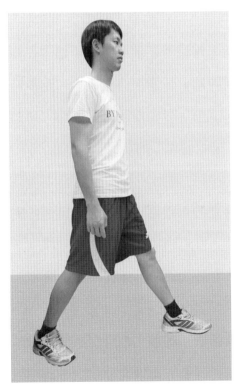

葉文凌醫師指出，當跑步產
生髂脛束摩擦症候群，吃藥
打針只能一時改善症狀，要
徹底解決，必須改善柔軟
度，作上述伸展操，有助加
強髂脛束柔軟度，預防髂脛
束摩擦症候群。

動作提供及示範／長庚體系運動醫
學小組運動防護員張家維
採訪整理／葉語容、胡恩蕙
攝影／胡恩蕙

1-6

平時養肌肉
運動時減少關節、骨骼受衝擊

　　想要避免運動傷害，新光醫院骨科運動醫學中心主任韓偉提醒：「肌肉是很好的避震器」。當肌肉量夠大，跑步時下肢的衝擊會被充分分散，關節、骨骼受的衝擊就小，所以如何練好肌肉這個避震器，是跑者重要的功課。

　　肌肉就像黏土，水分少時會僵固、乾硬，水分太多時會「軟趴趴」，唯有比例恰當的水跟黏土，才能造就最佳的「柔韌彈性」。肌肉也一樣，當老廢物質滯留、體液堵塞，肌肉就緊繃；按摩、熱敷後老廢物質排除，體液流通順暢，肌肉自然放鬆。

　　曾任職業棒球隊的運動傷害防護員、平時有參與三鐵運動，也處理三鐵選手運動傷害問題的王煥文分享說，長期肌

肉緊繃會使肌肉彈性下降，其他組織受傷的機率就提高。所以日常訓練菜單，可加入騎腳踏車、游泳等項目，來訓練平常較不常使用到的肌群，這樣做除了可達到訓練效果，也能讓常使用的肌群獲得休息。有經驗的跑者，甚至可在大賽的隔天或兩天內進行低強度的有氧運動，不但能加速酸痛排除與恢復，又可維持體能。

對初學者來說，上述「每天運動」的菜單可能太難，畢竟很多人還是假日運動員，遇類似情況，讀者要量力而為。原則上，大賽後的肌肉需要的是修復，初學者善用冰敷、熱敷、按摩、休息來恢復，通常就足夠了。

讀者要留意的是，賽後「立刻冰敷」是為了降低肌肉劇烈運動後可能造成的發炎，賽後48小時也要冰敷；隔天可採冰、熱敷交替的方法，有加速血液循環的效果，也可鎮定某些沒完全復原的發炎反應。

另外，「重量訓練」也是運動者常用的肌肉鍛鍊法，可將肌肉練大或增強耐力，韓偉醫師表示這也可行，但要留意別過度訓練，否則帶著狀態不佳的肌肉上場，反而是種負

擔。那麼，要怎麼判斷何謂「過度訓練」呢？一般只要肌肉還在延遲性酸痛中，就要給它時間休息，莫帶著酸痛路跑；或者重量訓練不要排得離路跑賽太近。

（採訪整理／葉語容）

運動時避免 2 件事 不讓傷害成憾事

　　全民瘋路跑，據統計全台一年有近430場路跑活動，在瘋路跑時，自以為更健康的同時，運動傷害門診的求診人數卻增加了10～15％，到底怎麼跑才能遠離膝蓋、腿部的酸痛與傷害？

　　跑步是人類最原始的運動，全球最偉大的長跑名將海勒‧蓋博塞拉西（Haile Gebrselassie）曾說過「沒有跑步，就沒有生活」，至今被愛跑者視為路跑的圭臬。

　　日本小說家村上春樹是將路跑融入生活的知名實踐者，從33歲那年開始跑步，持續到現在跑了33年，甚至覺得跑馬拉松比得到諾貝爾獎還重要。

　　平凡的你我，不見得有機會榮獲諾貝爾獎，但持續路

跑有機會為自己完成一場馬拉松賽事。

全球路跑賽事幾乎天天有，少則六千人，多則數萬、數十萬人，像倫敦馬拉松每年吸引3萬以上的人參加，2014年的東京馬拉松更有超過31萬人報名，從中抽出3萬多名幸運跑者參與。國內的路跑場次一樣不遑多讓，統計2014年全台有近430場路跑活動，一到例假日，由北到南，從東到西，各種路跑賽事強強滾，不少趣味路跑，像泡泡、甜點、彩虹、比基尼等不同主題，增添了不少路跑樂趣，不愧為全民運動。

遠離運動傷害有撇步
避開導致運動傷害的 2 大主因

跑步很簡單，穿上跑鞋，就可以邁開腳步向前跑，也因為門檻低，蔚為風氣後，運動傷害的門診案例明顯增加。國家代表隊隊醫、桃園長庚醫院復健科主治醫師林瀛洲估計，因路跑導致運動傷害的求診患者比起過去增加10～15％，常

見的受傷是膝蓋酸痛、腳踝韌帶扭傷、腳底筋膜炎。台北醫學大學骨科部教授暨運動醫學科主任陳志華表示，運動傷害的主要原因與過度使用及使用不當相關。

★運動傷害原因1：過度使用

路跑時，會用到心肺系統、骨骼肌肉系統及心理因素，林瀛洲醫師指出，心肺功能有如車子引擎，一個人能跑多久，和引擎馬力有關。骨骼肌肉系統有如骨架，一副骨架能承受多少跑步的重量，和個人體重及跑步速度有關。心理因素有如催化劑，一個人「要」與「不要」跑的決定常取決於意志力，特別是路跑撞牆期階段，是繼續還是放棄，由意志力決定。無論是哪一種功能，只要超出了身體負荷，譬如胸悶、氣喘、膝蓋酸痛、腳無力，還繼續硬撐向前跑，關節、韌帶、肌肉、肌腱、骨骼的傷害就會出現。

路跑能帶動久坐室內的現代人到戶外運動、鍛鍊心肺功能，但陳志華醫師提醒，年齡超過50歲有心血管疾病，膝關節曾受過傷或有退化性關節炎的族群，必須很注意路跑的量

及頻率，或等到病況痊癒、休養生息後再去路跑，以免再度受傷。

★運動傷害原因2：使用不當

路跑看似簡單，其實不能草率，像穿錯鞋子跑步，水分補充不夠，大熱天跑步或反覆用錯誤姿勢跑步，都會提高運動傷害的機率。

林瀛洲醫師尤其不贊成周末運動員參加路跑，這種人平常週一到週五，忙得身心俱疲，到了週末假日卯起來跑，甚至報名參加42K全馬比賽，結果最容易出現運動傷害。

要跑得輕鬆，得心應手，平日就該累積基本體適能，就像練武功，每天都要蹲馬步，拳腳才能俐落。想要參加路跑比賽，事先一定要規律的訓練，從事距離較長的路跑時，身體才不會力不從心，使用代償機制硬撐，這樣才能降低運動傷害。

（採訪整理／梁雲芳）

Part 2
跑步
真能跑出好身材？

2-1
跑步搭配快速衝刺
能迅速燃脂？

很多人想快速減肥，近年來運動健身界趁勢推薦另外一種高強度的運動，是利用高強度反覆訓練，來縮短運動的時間。以跑步來說，除了原本的慢跑之外，中間還合併了快速衝刺，也許衝刺一、兩趟休息1～2分鐘，再繼續衝刺，如此來回跑6到8趟，藉此達到快速燃燒脂肪的效果。不過，曾經擔任中華奧運代表團隊醫、現任高雄醫學大學附設中和紀念醫院骨科部主治醫師周伯禧表示，這種方法並不是每個人都適用，尤其是平時較少運動的人更不適合。

雙和醫院復健科主治醫師陳弘洲也提醒，跑步運動「快易累、慢耗時」，也就是說，運動強度越強，消耗熱量越多，所燃燒的脂肪也越多，但是運動比較不容易持久，例

如慢跑每分鐘約僅消耗6大卡，但可持續跑30分鐘才會累，一共可消耗約180大卡；相對的，快跑每分鐘約可消耗20大卡，但持續跑上1分鐘就開始累，結果總共也只消耗約20大卡，所以，理論上還是要強度適中，總消耗熱量才會提高。

　　陳弘洲醫師推測坊間健身房之所以推出此做法，應該是去運動的人時間有限，為避免運動太耗時，才會穿插高強度快跑來節省時間。建議想減肥的民眾量力而為，為了減肥而傷身，可就划不來。

（採訪整理／劉榮凱）

2-2

跑步減肥
傷膝關節？

選擇跑步來減肥，會瘦不了反而傷膝蓋嗎？年長者適合跑步健身嗎？諸多疑問，請骨科及復健科醫師為你解答。

35歲的柏祐170公分，體重狂飆到95公斤，最近連走路都會喘，上樓梯感覺膝蓋很吃力，與朋友聚會見面，大家都異口同聲的說「天啊！你怎麼整個人像吹氣球一樣！」，

讓他下定決心減肥，除了飲食控制之外，也打算藉由慢跑，開始規律運動，但也有人跟他說，跑步減肥可能會造成膝蓋很大的壓力，加速關節退化！他該如何是好？

忽然且大量運動
可能造成膝關節退化

　　許多民眾擔心跑步健身會增加膝關節疼痛、退化的風險？曾經擔任中華奧運代表團隊醫、現任高雄醫學大學附設中和紀念醫院骨科部主治醫師周伯禧引用研究指出，國外曾追蹤60歲左右，每個禮拜都固定跑步，且平均維持每周跑30公里以上的族群，和同樣60幾歲但沒跑步的族群進行比較，想了解常跑步的民眾是否較易腳痛或是關節退化。此研究對照有跑步和沒跑步習慣者的X光片或其他臨床症狀，發現沒有明顯的差別。

　　所以，想用跑步來減肥，除非是忽略量力而為，跑步前沒暖身，突然大量運動，運動量或運動強度超過體能負荷，造成運動傷害；或已經產生急性運動傷害，未等到完全復原，就心急的恢復原本的運動強度，造成受傷處反覆發炎；否則以健康的膝蓋來說，符合自身能力的跑步強度，應該不會增加膝關節退化的可能性。

 ## 膝關節有舊傷者
避免跑步，以免增加關節負擔

不過，周伯禧醫師提醒民眾，雖然在正常情形下跑步並不會傷及膝蓋，但如果膝蓋本身有受過傷，或有其他問題，又勉強自己跑步，就會增加關節的負擔。

國外追蹤了一些美式足球、橄欖球或是足球等的運動選手，這些族群常會劇烈碰撞，膝蓋或是腳踝受傷的機率較高，所以當球員生涯一過，經歷20、30年之後，這些運動員關節退化的比例就比一般人高很多。因此周伯禧醫師建議，關節本身已有退化或是受過傷的民眾，不適合用跑步的方式來健身，因為會加速關節退化的風險。

 ## 年長者、膝關節受傷者
較適合健走、水中漫步，既健身又減重

周伯禧醫師表示，人體的骨骼或關節會隨著年紀增長而

慢慢退化，但肌肉卻比較有機會透過持續溫和的運動來保持年輕，讓退化的速度比骨頭慢，所以，對上了年紀的民眾來說，想減緩關節退化，相較於高強度的快跑，健走或慢跑更有助於漸進增強肌肉的力量，減輕關節負擔。

衛福部雙和醫院復健科主治醫師陳弘洲鼓勵想要減重但膝關節不好，或是上了年紀的長者，以及本來沒有跑步或運動習慣的民眾，可採用更輕易入門的運動來替代跑步，如：健走、騎室內腳踏車（挑彈性好一點的坐墊，可避免坐骨神經受傷）。

而體能較好的人，可改踩滑步機、游泳等會讓肌肉收縮的運動；體重較重的人可考慮在水中快走。因定點騎單車或在水中走路、游泳，有座椅和浮力支撐，最不傷膝關節，且有減重的效果。

如果熱愛跑步，建議漸進式的增加跑步的時間和距離。最重要的是，累了就停下來休息，千萬不要硬撐，以免肌肉或關節積勞，增加運動傷害的機率。如果不小心受傷，一定要休息，不要勉強硬撐，要完全康復，才能再跑步。

想減肥但膝關節不好者
除了跑步，可改做哪些較不傷膝蓋的運動

1 健走。

2 **健騎室內腳踏車**（有座椅支撐，較不傷膝關節，挑彈性好一點的坐墊，可避免坐骨神經受傷）。

3 **踩滑步機**（適合體能較好的人，有助肌肉收縮）。

4 **在水中快走**（有浮力支撐，較不傷膝關節）。

5 **游泳**（適合體能較好的人，有助肌肉收縮）。

動過腓腸肌手術
須經醫師評估才能跑步健身

　　有些愛美女生想要揮別蘿蔔腿，動手術把腿部腓腸肌切除，若此後想跑步減肥，更要小心。周伯禧醫師表示，站在骨科醫師的立場，絕對不鼓勵腓腸肌切除術，因為腓腸肌在人體足部運動中扮演非常重要的角色，像踮腳尖、穿高跟鞋、上下樓梯等都需要用到腓腸肌。此外，站、走、跑、跳、蹲也都會用到腓腸肌，特別是跑和蹲等需要力量的動作，腓腸肌更是牽動的關鍵。

　　<u>已經動過腓腸肌手術的民眾，若想要從事跑跳運動，必須由醫生評估是否已恢復得跟平常差不多，才能進行</u>。周伯禧醫師說，臨床上可透過檢測儀器測量肌力的恢復程度，例如：利用超音波檢查實際看到的肌肉或是肌膜恢復的情況，或是透過等速肌力測試儀測量大、小腿的力量復原得如何。

　　如果做完腓腸肌手術，肌肉力量還沒明顯恢復，千萬不要勉強去跑步。如果恢復到一定程度，想要提升肌肉的強

度、柔軟度，並沒有要從事跑、跳等劇烈運動的話，陳弘洲醫師建議除了復健之外，可透過一些溫和、非負重式的運動，例如游泳、體操（像小學生跳的國民健康操）、散步等方式提升肌力。

（採訪整理／劉榮凱）

Part 3
跑步運動後
你要做的事

3-1

走也痛，坐也痛
這樣改善疲勞性骨折、足底筋膜炎！

　　慢跑運動雖然健康，但現代人平日工作忙碌，常集中在假日密集運動，過猶不及都很容易造成足部傷害！一旦感到疼痛，千萬不要忍痛繼續跑，當心疲勞性骨折、足底筋膜炎找上你！

　　品瑜是位熱愛跑步的女孩，經常參加半馬、全馬的路跑，體力連男生都自嘆不如。有一次她在5週內參加了兩場全馬比賽，第一場跑完後，覺得小腿有點疼痛，但不以為意，賽後仍維持一天慢跑6至8公里、隔天改為快跑的運動習慣。5週後，品瑜參加了第二場全馬，跑完後感覺腿部異常疲勞，疼痛感蔓延至骨頭，幾天後小腿疼痛的感覺仍在，不但走路痛、跑步痛，坐著也痛，趕緊就醫，醫師告訴她，小

腿有疲勞性骨折的現象。

何謂疲勞性骨折？台灣運動醫學會理事長、林口長庚醫院骨科部外傷骨科主任葉文凌表示，<u>疲勞性骨折並非骨頭真的折斷，而是因頻繁運動以致過度負荷，骨頭出現裂痕的不完全性骨折</u>。跑步若跑過頭，當心以下的足部傷害找上你！

1 過度跑步傷害 當心疲勞性骨折找上你

別以為疲勞性骨折很少見，葉文凌醫師指出，跑步時從足部開始承受地面的反作用力，往上傳遞到腳踝、小腿骨、膝蓋、大腿骨、髖關節，因此跑步引發的運動傷害比例，依序也是由下至上端。其中，足部最常發生的運動傷害，正是疲勞性骨折！

為何跑步會發生疲勞性骨折？葉文凌醫師表示，<u>成年人的骨頭硬，足部趾骨較小，跑步時趾骨易因頻繁接觸地面而出現裂痕，即疲勞性骨折，這在馬拉松選手身上經常發生</u>。

另外，青少年還在發育，骨頭仍有彈性，跑步時足部的力量會傳遞到小腿，因而較常發生小腿疲勞性骨折。

■怎麼治療及預防

葉文凌醫師表示，疲勞性骨折90％以上都是小裂縫，只要休息，就會逐漸癒合，不需打石膏。成年人通常要休息6週至3個月；兒童及20歲以下青少年，因復原力強，只需休息3至12週。患者應換適合鞋墊，並配合包紮。

不過，當疲勞性骨折處出現空隙、位移，則需進一步治療，通常會用高頻超音波、震波或手術治療。

預防疲勞性骨折，首重運動不過量。運動時必須考慮訓練分量和場地，慎選適合的鞋墊，或在受力特別大的位置做局部包紮，加強負重能力。

疼痛是疲勞性骨折的徵兆，運動時一旦感覺疼痛，要冰敷、休息，若冰敷1、2天即改善，顯示只是局部發炎；若冰敷休息3天後無法改善，必須完全休息並就醫。

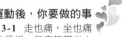

夾球運動
強化骨盆肌底，避免運動傷害

頻繁路跑而疲勞性骨折的品瑜，答應帶同事參加兩個月後的路跑比賽，因此想要傷勢更快復原。她的主治醫師，多次擔任中華亞、奧運代表團隊醫的復健科醫師周適偉分析，品瑜因臀部薦椎舊傷，影響臀部、大腿至小腿一連串肌肉骨骼群的控制和活動力量，若想加快復原腳步，建議做夾球的復健運動訓練，強化骨盆肌底與臀部肌肉力量，配合注射高濃度葡萄糖液的增生治療

法。品瑜治療將近兩個月後，已開始嘗試短距離慢跑，帶同事路跑指日可待。

夾球運動可強化骨盆肌底，改善因尾椎、薦椎受傷，或骨盆底肌力不足，造成的運動傷害，例如在浴室、樓梯間、游泳池邊及球場上滑倒，導致臀部跌坐受傷；其運動原理如凱格爾運動，亦可改善頻尿、夜尿及漏尿等問題。

夾球前推

1. 將球夾在會陰處，腳跟併攏，腳尖呈外八45度。

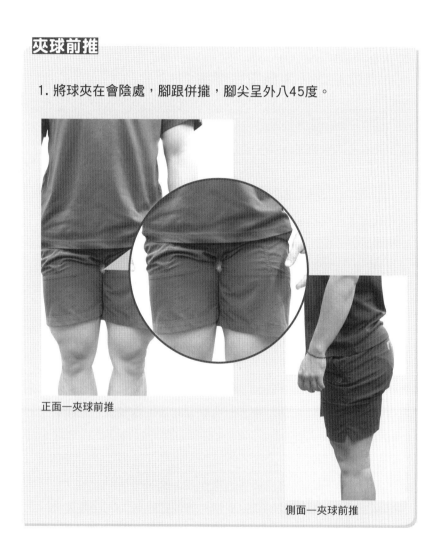

正面—夾球前推

側面—夾球前推

2.將重心移到腳底前外側，球往前推，薦椎後傾帶動骨盆前傾，
　薦髂關節則逆向轉動，用力夾緊。此動作維持10秒，重複10
　次為一組，一天做3組。

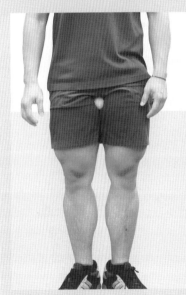

正面—夾球前推

側面—夾球前推

夾球後送

1.預備動作與夾球前推相同，將球夾在會陰，腳跟併攏，腳尖呈
外八45度。

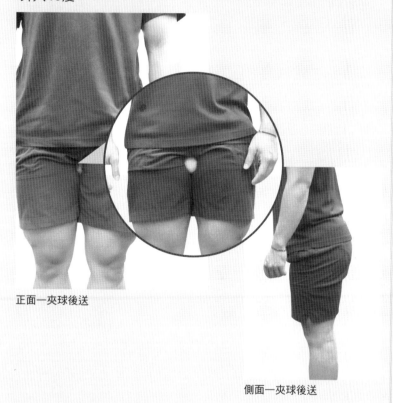

正面—夾球後送

側面—夾球後送

2.將重心移到腳底前內側，大腿往內旋，將球後送，自正面看不
　到球。此動作維持10秒，重複10次為一組，一天做3組。

正面—夾球後送

側面—夾球後送

動作示範／劉藍尹教練　拍攝／胡恩蕙

77

2 過度跑步傷害
小心足底筋膜炎，走路就痛

除了疲勞性骨折，跑步時常見的足部運動傷害，其次是足底筋膜炎。

足底筋膜位在腳底，從腳跟連接到五個趾骨如同傘狀結構（如圖）。足底筋膜炎大部分產生在接近腳跟的地方。葉文凌醫師解釋，當足弓踩下去時，足底筋膜有拉回

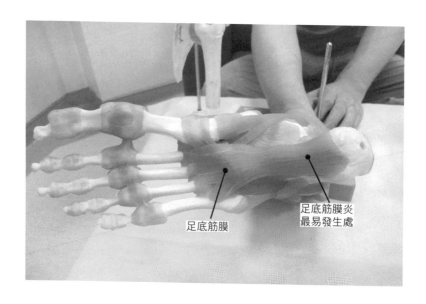

足底筋膜

足底筋膜炎
最易發生處

來的作用，腳跟的足底筋膜集中處，承受拉力最大，經常承受重力或拉扯，足底筋膜易發炎退化，造成疼痛，稱為足底筋膜炎。

足底筋膜炎症狀是休息後開始行走的前幾步感到疼痛，此外，運動後疼痛變得明顯，按壓足底局部有疼痛感。

■怎麼治療及預防

葉文凌醫師表示，若有足底筋膜炎，顯示下肢柔軟度不佳，後大腿肌、小腿肌肌力不平衡，或運動前熱身、運動後收操（放鬆運動）做得不足。所幸，大部分足底筋膜炎為慢性發炎，只要改善下肢柔軟度、運動前後注意熱身及收操，即可緩解。已發生足底筋膜炎者，穿對鞋墊也有良好的避震保護效果。

少數足底筋膜炎患者，在X光下可見足底筋膜鈣化，形成骨刺，這時注意收操、改善柔軟度，也難改善，此時可做其他復健運動，或配合注射血漿生長因子（PRP）、震波治療，少數的職業運動選手，需做內視鏡手術拿掉骨刺，改善

效果也不錯。

不過，葉文凌醫師強調，拿掉骨刺後，若下肢柔軟度不改善，足底筋膜炎仍會反覆出現，因此運動治療仍是預防及改善足底筋膜炎的根本辦法。

3 過度跑跳傷害 易發生種子骨骨折

常見的足部運動傷害，除了疲勞性骨折、足底筋膜炎，還有種子骨骨折。

什麼是種子骨骨折？葉文凌醫師解釋，最常見的兩塊種子骨，是在大腳趾的腳指頭與指骨關節上。

種子骨很小，若跑步時有跳躍的動作，如在水泥地上邊跑邊跳躍，就易因受力而裂開。假如是在ＰＵ跑道上路跑，則不常出現種子骨骨折。

葉文凌醫師提醒，種子骨骨折最常見於跳躍運動，例如籃球、排球，因國內木地板場地不多，水泥地反作用力大，

腳底運動訓練
改善足底筋膜炎

　　一旦出現足底筋膜炎,惱人的疼痛對日常生活造成不少困擾。

長庚體系運動醫學小組運動防護員張家維建議,出現足底筋膜炎

時,可做下列強化訓練,改善症狀。說明如下:

步驟 1 將彈力帶(或毛巾)鋪在腳底下

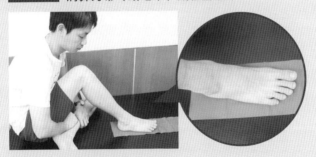

步驟 2 五隻腳趾彎曲,將彈力帶(或毛巾)夾出皺褶,不斷重複
此動作。將整條彈力帶(或毛巾)夾皺為一次,10～12次
為一組,一天做三組訓練。

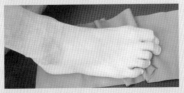

動作示範╱長庚體系運動醫學小組運動防護員張家維　拍攝╱胡恩蕙

最傷腳。相對於籃球、排球，足球是在草地上踢球，反而對
腳的反作用力較小。

■怎麼治療及預防

　　疼痛是種子骨骨折的徵兆，不過，種子骨骨折的疼痛
感，不如大骨骨折來得劇烈。很多運動選手的種子骨一直處
在慢性不癒合的狀態，即使
有點疼，還能繼續比賽。

　　一旦發生種子骨骨折，
休息是最好的辦法。一般種
子骨骨折需休息6週，不需
打石膏，必要時可包紮、注
射血漿生長因子（PRP）、
接受震波治療。

　　在極少數情況下，種
子骨竟位移又難以癒合，這
時可考慮手術切除。不過，

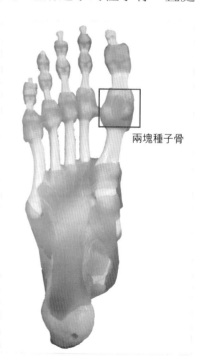

兩塊種子骨

葉文凌醫師表示，種子骨功用如滑車、襯墊，可改變肌腱方向，若手術切除，會影響某些動作。

　　要預防種子骨骨折，應考量訓練分量及訓練場地，訓練不過量，發生疼痛時要休息，換適當的鞋墊。

3-2
跑完酸痛
5招教你搶救急性疼痛

跑完步，膝蓋、小腿、足底好酸痛，該先冰敷，還是熱敷？止酸痛的噴劑、凝膠、貼布，哪個效果好？若過了幾天還未好，該嘗試推拿或針灸嗎？

俊麒最近換了個新主管，每天工作時都被叮得滿頭包，於是他決定每天下班後去慢跑，發洩上班時的怨氣。

當怨氣隨著步伐被狠狠踩在腳下，他感覺壓力正一點一滴被釋放。然而，跑步兩周後，他感覺心理變輕鬆，但膝蓋及腳踝的酸痛不舒服感，卻愈來愈明顯，到底應該怎麼做才能夠揮別酸痛……

路跑前就要懂得
預防運動傷害

台灣基層中醫師協會理事長陳潮宗醫師表示，像俊麒這樣為轉移情緒出口，發瘋似地跑步，造成膝蓋及腳踝疼痛，屬於急性疼痛，需要急救處理，若持續兩周以上不處理，會轉為慢性疼痛，再不改善，可能反覆發作很難痊癒。冰熱敷是最常見也最方便使用的緩解運動後紅、腫、熱、痛的方式，但運動傷害有好多種，應該依照個人情況，觀察受傷部位是否腫脹發炎，再來判斷該採取冰敷或熱敷。

萬芳醫院物理治療師林凱勤表示，有些人是跑步受傷後，才到醫院尋求治療。其實路跑之前，就可找物理治療師諮詢如何預防運動傷害。一般物理治療是利用身體的伸展運動把肌力放鬆、柔軟度變好，或者做肌力訓練把肌力變強壯，例如原來無法一次跨兩階樓梯的人，經過訓練後可做該動作。再如俊麒這樣久坐的上班族，原來很少運動，突然激烈跑步，一方面要經過肌力放鬆訓練，舒緩痛感；另一方

面，也需要運動治療協助重建耐力、肌力。

5招「PRICE」
緩解跑步後的急性疼痛

運動受傷的前3天是急性發炎期。受傷後，很多醫師都會建議要休息，台灣運動醫學會理事長、林口長庚醫院骨科部外傷骨科主任葉文凌提醒，受傷前3天，要做的不只休息，處理方式應是PRICE—保護（Protect）、休息（Rest）、冰敷（Ice）、壓迫（Compression）、抬高（Elevation），說明如下：

P保護（Protect）
跑步或運動受傷後，在受傷部位予以支架或包紮，限制關節活動，可避免二度傷害。踝關節或膝關節受傷時，經常使用布質表面、彈性較少的白貼（可至體育用品店購買），固定受傷部位。

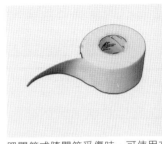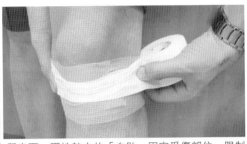

踝關節或膝關節受傷時，可使用布質表面、彈性較少的「白貼」固定受傷部位，限制
關節活動，避免二度傷害。

R 休息（Rest）

受傷後盡可能不要走路，以免血液回流速度減慢。過度
用腳只會延緩損傷的恢復時間。先減少會引起疼痛的動作與
活動，可避免受傷更嚴重，縮短疼痛時間。

I 冰敷（Ice）

從事運動醫學的專業人員，相當推薦冰敷。葉文凌醫師
表示，冰敷主要作用為降低發炎反應，具有消炎止痛效果。
陳潮宗醫師表示，冰敷也能強化肌肉組織中膠原纖維的早期
恢復。

　　葉文凌醫師解釋，急性發炎期受傷組織需要有巨噬細胞進入，<u>巨噬細胞是白血球的一種，它可將壞的東西清除，並通知癒合細胞，進入受傷組織進行後續癒合動作。因此PRICE的動作，目的是減少發炎反應，讓巨噬細胞盡快開始作用。</u>

　　值得注意的是，巨噬細胞若24小時內沒有進入受傷組織，它就永遠不會進來，後續也不會吸引癒合細胞過來做癒合動作，這時受傷部位就進入慢性發炎期，組織內充滿許多淋巴球，最後形成疤痕組織，疤痕組織無法正常受力，因此受傷部位無法正常活動，影響往後運動的正確姿勢。因此，<u>受傷後24小時內冰敷，減少發炎期，相當重要。</u>

　　<u>冰敷的時間，一般為受傷後1～3天。</u>曾為美國職棒白襪隊球員治療運動傷害的台中澄清醫院復健治療部主任蔡永裕建議，<u>運動後若感覺疼痛、酸痛，都可冰敷，避免運動傷害。</u>冰敷方式是將冰塊和水裝在塑膠袋裡，維持冰水共融的攝氏0度，直接敷在酸痛或疼痛部位，可用薄手帕隔開皮膚，時間為6～7分鐘。他引述日本研究，當運動疼痛或軟組

織及骨骼傷害時,持續冰敷可改善症狀。

C壓迫(Compression)

目的是消腫,通常以白貼包紮,有較好消腫效果。陳潮宗醫師說,也可用紗布或彈力繃帶纏壓住受傷部位。不要用力纏,否則會阻滯流向傷處的血液。千萬不要馬上擦紅花油、跌打酒,或者按摩、揉搓、熱敷傷處,這樣會使損傷的組織發炎性滲出液更多,不利損傷恢復。

E抬高(Elevation)

將受傷部位盡量抬高,高過心臟位置,這樣做的目的也是消腫。陳潮宗醫師提醒,自然體位是血液循環最佳狀態,為了氣血循環順暢,一般採自然放鬆不彎扭的生理體位即可,可以是躺著或坐著。急性處理後,須到醫院接受治療,再依照個人情況選擇不同的治療方式。

葉文凌醫師提醒,不同組織的發炎期長短不同,PRICE處理原則最適合踝關節,其他部位受傷3天內可用PRICE為大

原則，但仍應以醫療人員建議為主。

慢性疼痛
貼布、推拿怎麼幫上忙？

很多人跑步跑到超過身體負荷，引發膝蓋及腳踝疼痛，還因疏忽轉為慢性疼痛。林凱勤物理治療師表示，若在急性期沒妥善治療，一旦轉成慢性發炎，就要花更多時間及力氣治療。每一個慢性患者受傷的情形不盡相同，治療方法要經過專業判讀後再按症狀個別指導。有些人看其他患者做伸展運動好像不錯也跟著做、看現在很流行用泡棉滾筒（Foam roller）來放鬆緊繃的肌肉，也買來仿效。其實，每個人的筋骨、肌腱韌帶、作用力點等都不同，他可以，不代表你就行得通。大原則是伸展筋骨強化肌力，學習放鬆避開僵硬導致受傷。

還有人為了減緩難過，會採用貼布、推拿及求助針灸止痛。陳潮宗醫師表示，使用前要先注意皮膚有無損傷，一旦

皮損就要先清理傷口給予滅菌，若無皮損再來談用噴霧、凝膠、貼布等治療法。以下為膝蓋、大腿、小腿、足底疼痛的舒緩法：

止酸痛噴劑、凝膠、貼布

• 止酸痛噴劑

分清涼、溫熱兩種效果，<u>溫熱型適合運動前使用，清涼型適合運動後突然間紅腫發炎刺痛</u>。一般產品會標示說明，使用後是產生熱感或涼感，若標示不清，勿隨便使用。

• 凝膠

使用凝膠前要先閱讀使用說明，了解凝膠是否可以直接塗在傷口上或傷口周圍？適不適合使用於黏膜或傷口皮膚破損處？

• 貼布

若有膠布或藥物過敏史應先告知醫師，若無使用過貼

布，可先貼4小時，使用貼布後若產生腫、癢、痛，應立即撕下或詢問醫師。有過敏史的人一天最長貼8小時，一般民眾最長貼12小時，即需要撕下或換新，天氣熱時貼的時間應較短，天氣冷時可多貼幾天。

酸痛者較適合推拿

　　若因運動傷害，欲推拿前應詢問專業醫師，等醫師確定沒有骨骼、肌肉、肌腱撕裂傷或其他重大外傷，才可以推拿緩解肌肉酸痛。一般來說，疼痛的患者不一定適合推拿按摩，酸痛的患者較為適合。要選符合規定的醫院及治療經驗豐富，對肌肉骨骼損傷熟悉、有執照的醫師，中醫師一般會配合有臨床經驗、受過專業訓練的推拿整復師。因為肌肉骨骼損傷常存在潛在的問題，經驗豐富的醫師可做有效的治療與復健建議，避免後續傷害。另外，注意推拿環境、工具是否安全、舒適。

針灸可疏通經絡

中醫認為「不通則痛」，針刺目的在幫助疏通經絡，經絡通了即可止痛；現代研究指出，針刺可刺激腦內的腦內啡（endorphin）產生，可減少患者痛苦。如果只是乳酸堆積的酸痛，可按摩、熱敷肌肉。中醫除了針灸還有膏藥、濕敷、按摩推拿等可緩解疼痛。

（採訪整理／陳淑英、胡恩蕙）

什麼時候該熱敷？

台灣基層中醫師協會理事長陳潮宗醫師表示，運動後引起的肌肉酸脹，可一邊伸展一邊用熱水、熱毛巾緩解。有人說24、36、48小時內受傷用冰敷，不一定正確。大原則是疼痛用冰敷，酸痛用熱敷。也就是說，若患部急性腫脹疼痛嚴重，適合冰敷；若患部酸脹痛或急性期轉為慢性期後，適合熱敷。不是每種情況都適合直接冰敷，應多加注意。

萬芳醫院物理治療師林凱勤表示，跑步之後可能產生肌肉、關節酸痛或酸脹情形，若是急性疼痛就冰敷，慢性疼痛就熱敷。萬一疼痛沒改善更不舒服，需要深層的熱療，可利用短波、微波、超音波、干擾波等電療法去協助治療運動傷害。

（採訪整理／陳淑英、胡恩蕙）

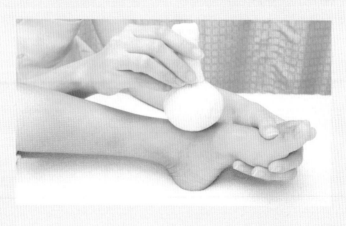

跑步跑出「鐵腿」？
DIY按壓穴道來緩解

慢跑完回到家，膝蓋、大腿竟出現酸脹疼痛感，是否令你懊惱。除了休息、冰敷、抬高雙腿，中醫師貼心傳授DIY按壓穴道的緩解法，幫你降低「鐵腿」不適感！

平時久坐辦公室的力行與朋友參加夜跑活動，隔天上班時感覺到膝蓋及大腿隱隱酸痛。工作忙碌的他，一時抽不出時間去看診，面對酸痛，能怎樣急救緩解？

台灣基層中醫師協會理事長陳潮宗醫師提醒，跑步前記得做一些伸展大小腿肌肉、膝蓋、腳踝等部位的拉筋熱身動作，萬一路跑後腿足酸疼，可按摩以下穴道，紓解乳酸堆積引起的酸痛。但若按壓穴道及冰熱敷後，酸脹、疼痛感數日仍未好轉，建議盡快至醫院就醫。

★穴位按摩小提醒

建議先找到正確的穴位再按摩。穴位按摩不是針灸，不
會要求得一分不差，只要在該穴位附近0.5公分以內的範圍，
或稍微擴散成一個小平面，一樣可達到效果。

★紓解路跑後「膝蓋酸痛」的穴位

鶴頂穴

位置：在膝蓋上方，也就是在髕骨上方的
中間凹陷處。髕骨指的是膝蓋部分，一塊
略呈三角形的骨塊，也稱膝蓋骨。

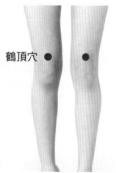

鶴頂穴

陰陵泉穴

位置：在小腿內側，也就是脛骨內側靠近
膝蓋端骨頭轉彎的位置。
脛骨是指小腿內側的長管狀骨骼。

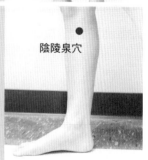

陰陵泉穴

血海穴

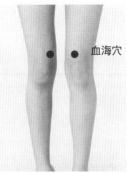
血海穴

位置：在大腿內側，也就是髕骨內側往上2寸的位置。2寸約三隻手指（食指中指無名指）併攏的寬度。
一寸約姆指第二節的寬度，但它不是標準值，因為每個人身體比例不同，所以按照示意圖和肌肉骨骼位置比較容易找。

陽陵泉穴

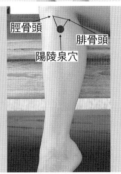
脛骨頭
腓骨頭
陽陵泉穴

位置：在小腿外側，脛骨頭與腓骨頭連線，並從兩骨之間往下方處畫出一個正三角形，陽陵泉穴就在這個三角形的交點、凹陷處。
腿部中有兩根骨頭，其中一根位於外側，比較小，稱為腓骨。

按摩方法：鶴頂穴和血海穴用拇指按揉。陰陵泉、陽陵泉可用姆指和四指的握力來同時按壓。一次10秒，按壓10～15次。力道以自我可承受的酸脹感為準。

冷熱敷注意事項：可於膝蓋酸脹處熱敷，疼痛處冷敷消炎。酸脹疼痛若持續數天未好轉，建議到醫院就醫。

小叮嚀：膝蓋疼痛為常見的運動傷害，短期內若出現膝蓋偏一側疼痛，並檢查無膝蓋內部退化等病變，可加強大腿上部肌肉和大腿內外側肌肉的鍛鍊。

★紓解路跑後「大腿酸痛」的穴位

梁丘穴

位置：在大腿
前面，從膝蓋
骨底部的外側
往上延伸2寸
的位置。

梁丘穴

伏兔穴

位置：在大腿
前面，從膝蓋
骨底部的外側
往上延伸6寸
的位置。

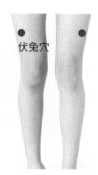

伏兔穴

風市穴

位置：當我們站直立時，將手掌自然併攏垂下於
兩側大腿外側時，中指所指的位置即是風市穴。

風市穴

按摩方法：大腿肌肉較豐厚，可用拳頭或工具搥打每次10下，重複
10～20次。力道以可承受的酸脹感為準。

冷熱敷注意事項：可於酸脹部位熱敷，疼痛部位冷敷消炎。

★紓解路跑後「小腿酸痛」的穴位

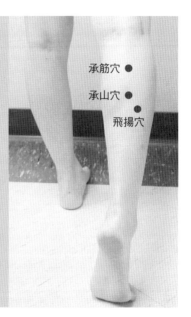

承山穴

位置:在小腿後面正中間,當你用力伸直小腿或上提足跟時,呈現尖角狀的凹陷處。

承筋穴 ●
承山穴 ●
飛揚穴

承筋穴

位置:在承山穴上方3寸位置。

飛揚穴

位置:在小腿後面,也就是承山穴外下方1寸凹陷處。

按摩方法:單點姆指按壓,每次按壓5秒,可連續10～20次。力道以自我可承受的酸脹感為準。

冷熱敷注意事項:可於酸脹處熱敷,疼痛處冷敷消炎。熱敷可用熱毛巾、熱貼布貼於小腿肌肉豐厚或酸痛處。

還可用哪些道具:最好是利用工具按摩棒,以免長期按壓拇指受傷。

★紓解路跑後「腳踝、足底筋膜酸痛」的穴位

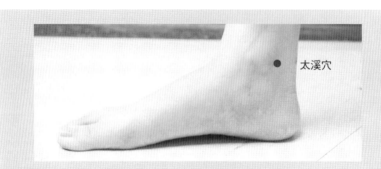

太溪穴

太溪穴

位置：在「足內側」偏後方，也就是腳踝骨突出來的那塊骨頭與腳後跟肌腱之間的凹陷處。

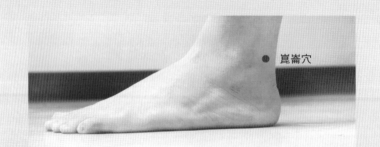

崑崙穴

崑崙穴

位置：在「足外側」偏後方，也就是腳踝骨突出來的那塊骨頭與腳後跟肌腱之間的凹陷處。

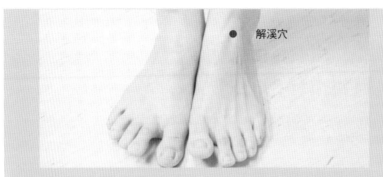

解溪穴

解溪穴

位置：在足背與小腿交界處的橫紋中央凹陷處，也就是腳的大拇指稍微抬起用力時上方的筋與食指上方的筋，兩筋向後延伸於足背和小腿交界處。

商丘穴

位置：在腳踝內側突出的骨頭前下方凹陷處。

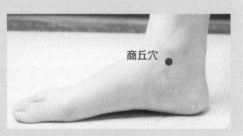

商丘穴

按摩方法：中指或食指按壓，每次10秒，5～10次。力道以自我可承受的酸脹感為準。

冷熱敷注意事項：可於酸脹部位熱敷，疼痛部位冷敷消炎。若很嚴重者，建議到醫院就醫。

（採訪整理／陳淑英）

3-4
熱門的泡棉滾筒
真能消除運動疲勞？

路跑運動正熱門，各式消除運動疲勞的商品也推陳出新，「泡棉滾筒」也是時下熱門的商品，據說用身體壓滾筒就能自我舒緩酸痛，真這麼有效嗎？

小孩已念國中的芸甄雖然家務工作兩頭忙，但為了保持身材，還是勉勵自己，維持每天夜跑3千公尺的好習慣。平時，她也常一手拎垃圾、一邊追著垃圾車跑，很驕傲自己連跑步都很有效率。只不過一段時間後，她覺得腳後跟有明顯腫脹痛感、按壓膝蓋處會疼，大腿肉也酸酸的。鄰居好心地告訴她，「利用泡棉滾筒滾一滾就不痛」，真的是這樣嗎？

萬芳醫院物理治療師林凱勤表示，泡棉滾筒（Foam-roller）主要是用來放鬆肌肉及解除疲勞，外觀為圓柱狀、有

彈性，屬於容易攜帶的器材。因為物理治療過程強調按摩或伸展，涉及身體的姿勢、按壓的強度，有時在比較疲累的肌肉或骨骼系統上，只靠單純的徒手按摩或機械輔助無法達到相當的強度，這時會採用泡棉滾筒協助，達到伸展該處、按摩放鬆的效果。

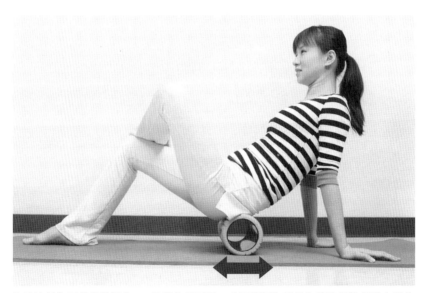

泡棉滾筒為目前很熱門的DIY按摩伸展工具，此示範圖為利用泡棉滾筒進行臀大肌伸展。方法為將臀部坐在滾筒上，藉由前後移動身體，伸展及按摩臀大肌。

（攝影／蔡睿縈）

泡棉滾筒為何能
消除肌肉疲勞？

泡棉滾筒表面有一顆顆的顆粒，主要目的是為了增加按壓的壓力。顆粒愈多或顆粒愈小，壓力相對就增加，可適用於不同部位的按摩。如大腿後側肌群、大腿前側、下背、臀部或小腿，甚至於足底肌膜炎，都可經由泡棉滾筒協助按摩。

泡棉滾筒具有預防性及回復性兩種緩解效果。預防性是指：讓身體某部位壓在滾筒上，可透過來回地按壓按摩，減少肌肉張力；回復性是指：跑步後，肌肉的張力或疲勞感隨之增加，將身體壓在滾筒上按摩，可幫助肌肉放鬆。

林凱勤物理治療師說，滾筒的使用原理跟徒手按摩原理近似。徒手按摩是按在肌肉上或筋膜上，按下的瞬間，皮膚會缺血變白；當手放掉，血液流通，皮膚會慢慢變紅；滾筒按摩是利用短暫的按壓讓肌肉造成短暫的缺血，當放鬆後，血液的流通會在瞬間增快，有利局部血液循環，可讓跑

步完堆積的乳酸，在很短時間內代謝掉。

泡棉滾筒 3 優點

林凱勤物理治療師解釋，泡棉滾筒目前受歡迎的原因如下：

□使用簡便好操作

不論是找人按摩或自己按摩，都很費力氣。滾筒按摩強調以自身的力量做為壓力來源，使用方式不是把滾筒壓在身上，而是

路跑活動盛行，使可自行按摩、放鬆肌肉、解酸痛的泡棉滾筒詢問度變高。

身體在滾筒之上，利用身體的姿位跟地心引力的作用去壓滾筒、達到按摩效果。例如：要做臀大肌伸展，可將臀部坐在

滾筒上，藉由身體的前後移動，按摩該部位。自己可操作，不需他人協助，也是興起原因之一。

□經費上的考量

一般按摩業者半小時收費約600至1千元不等，一小時要花費近2千元。自行藉助滾筒來增加按摩力道，比請人按摩節省經費。

□路跑運動盛行，輔助器具受歡迎

現在路跑活動愈來愈多，導致伸展運動流行，更多人選擇輔助器具，調整肌肉狀況。

急性發炎的當下
不建議使用滾筒

「有紅腫熱痛等急性發炎的部位，不建議當下使用滾筒。」林凱勤物理治療師說，畢竟滾筒是靠身體體重按壓，

按壓強度比較強。若今天跑完步，感覺腿部、腳部疼痛，可先徒手按摩，將原本緊繃的肌肉伸展開來，2、3天後還是很痛，再用滾筒處理較安全。

若身旁沒有泡棉滾筒，林凱勤物理治療師說，民眾也可把過期雜誌捲成一卷，或者利用擦手紙筒的厚紙板內心加上硬式網球，利用它們的韌性，踩在足底做足底筋膜的局部按摩。不過，這些替代物堅硬度相對較高，當然無法像泡棉滾筒的彈性那麼好，操作時要留意力道。也有人問說可否用瑜伽墊捲成滾筒狀來按摩，林凱勤物理治療師說明，瑜伽墊偏軟，韌性沒那麼好，不建議採用。

（採訪整理／陳淑英）

自行用泡棉滾筒
舒緩跑步後雙腿酸痛

　　若路跑後下肢肌肉緊繃酸痛，可於跑步後使用泡棉滾筒幫自己按摩，以下針對常引起跑者膝的「髂脛束」做示範，教你利用泡棉滾筒放鬆髂脛束肌肉及解除疲勞。

作法：
①側躺，左手支撐地面，把泡棉滾筒放置在大腿外側。
②用雙手及右腳帶動身體前後滑動，藉著自身體重按壓泡棉滾
　筒，藉此按摩軟組織、舒緩髂脛束的肌肉緊繃。

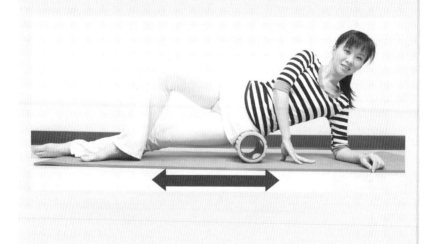

3-5

路跑後髖部疼痛
運動防護員教你用泡棉滾筒按摩舒緩

　　路跑後，因髂脛束不斷摩擦，造成髖部疼痛，因髂脛束較不易有伸展到的感覺，長庚體系運動醫學小組運動防護員張家維建議可額外使用泡棉滾筒或網球，在大腿外側按摩，舒緩疼痛。示範如下：

1.側躺，將泡棉滾筒放在大腿外側下方。

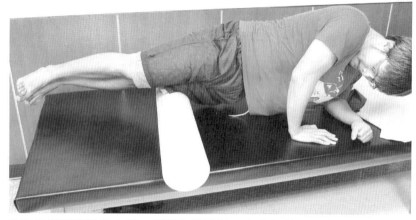

2.利用身體和手的力量,推動泡棉滾筒,在大腿外側按摩髂脛束。

3.當逐漸習慣和掌握泡棉 滾筒的強度,也可將泡 棉滾筒替換成網球或棒 球,將球置於大腿外 側,來回滾動。

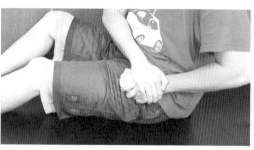

動作提供／長庚體系運動醫學小組運動防護員張家維
動作示範／李晉鳴　攝影、採訪整理／胡恩蕙

Part 4

如果跑出疼痛和運動傷害，怎麼辦？

4-1
跑完肌肉、關節痛 吃止痛藥該注意什麼

65歲的李媽媽，最近做家事總覺得手不能抬高，和好友一起去打高爾夫球，手舉到一個角度，就疼痛不已，她懷疑是五十肩，鄰居告訴她可以請醫師打一針類固醇，疼痛就能明顯消除，她半信半疑，準備下周看診時，問醫師這療法真有這麼神奇嗎……

運動後肌肉、組織疼痛難忍，或是有退化性病變，例如五十肩、退化性關節炎等，疼痛的緩解常是病人就醫時的主要訴求，到底醫師所開立的消炎止痛藥、類固醇，為何能緩解疼痛？接受這些療法又要注意什麼，請醫師為您解答。

非類固醇抗發炎藥
最多吃前3天

　　當肌肉、關節等組織疼痛時，醫師通常開的消炎止痛藥是非類固醇抗發炎藥（NSAID）。台灣運動醫學會理事長、林口長庚醫院骨科部外傷骨科主任葉文凌指出，開非類固醇抗發炎藥主要目的是消炎，止痛只是附屬作用。開藥的時機，是受傷第一天給予，讓發炎反應盡快下降。

　　葉文凌醫師提醒，非類固醇抗發炎藥最多吃3天，因這類藥物雖會抑制發炎反應，也會抑制傷口癒合，所以建議3天後就不再吃。有些人服用非類固醇抗發炎藥會造成胃痛，這是因這類藥物會破壞腸胃道黏膜完整性，可能造成胃或十二指腸潰瘍。另外，這類藥物會抑制血小板凝集，可能身體有其他傷口時，增加出血危險性。

　　有些人服用非類固醇抗發炎藥會出現過敏，例如蕁麻疹、紅斑、氣喘等，長期服用可能引起腎毒性，不過運動傷害通常只服用3天，不須擔心傷腎問題。若有胃潰瘍、腎

臟、心血管疾病或中風危險性的病患，就醫時要告訴醫師自己的病史。服藥後，若出現皮疹、黑便等症狀，應停藥並盡快就醫。

葉文凌醫師強調，受傷一定要先找原因，而非馬上去吃消炎藥，因為吃消炎藥會抑制疼痛，人忽略了疼痛訊息，反而可能讓傷害擴大。所以他並不主張運動選手口服消炎藥，一方面不太需要，另一方面避免成分影響藥檢。

打類固醇應注意
注射部位和注射頻率

當肌肉、韌帶、肌腱等軟組織受傷，有時醫師會注射類固醇，類固醇具有顯著消炎效果，主用於緩解慢性發炎，注射後，症狀一般會迅速緩解。

葉文凌醫師指出，少量注射類固醇至患部周圍組織，以降低發炎、疼痛反應，對組織沒有傷害，但要注意施打部位，如果類固醇多次注射到肌腱，會造成肌腱組織變碎，不

太能受力；最禁忌是打在骨骼與肌肉交接處，稱為「肌腱骨骼複合體」的地方，若類固醇經常施打至此處，易造成肌腱斷裂。

多次擔任中華亞、奧運代表團隊醫的復健科醫師周適偉指出，臨床上運動傷害，他很少打到類固醇，因為運動傷害時，在運動專科醫師指導下，做適當的物理治療和運動強化訓練，或其他較無禁忌症的注射藥物，大部分都能恢復到理想水準，需要打類固醇的機會相當低。

葉文凌醫師提醒，太頻繁的施打類固醇，會抑制免疫修復反應，讓膠原蛋白變脆。所以，類固醇不是不好，但要注意打的人是誰，以及施打部位及頻率。

不論是運動傷害，或退化性關節炎、五十肩等退化病變，施打類固醇消炎止痛的頻率以3個月為1期，一般治療默契是，同一部位施打，3個月內不得超過3次，1年不能超過5次，儘管注射類固醇消炎止痛的頻率在醫界還無定論，但醫師還是建議施打類固醇消炎的頻率不要太頻繁。

（採訪整理／胡恩蕙）

關節卡卡
注射玻尿酸能潤滑止痛嗎？

　　38歲的志明和好友一起參加21公里半馬路跑。比賽當天，志明跑了十幾公里感到膝蓋疼痛。比賽後，志明膝蓋痛的症狀持續2個月還好不了，醫師照X光，發現他的膝蓋軟骨磨損，建議他暫時不要再跑步。離開醫院後他想起媽媽退化性關節炎，注射玻尿酸後，疼痛獲得緩解，懊惱剛剛忘了問醫師，能否注射玻尿酸，幫助關節潤滑，緩解疼痛……

 ## 玻尿酸適合軟骨磨損
效果隨年齡而異

　　玻尿酸如何緩解疼痛？台灣運動醫學會理事長、林口

長庚醫院骨科部外傷骨科主任葉文凌解釋，玻尿酸是關節液的成分，在軟骨與軟骨交接處，有關節液做潤滑、緩衝的作用。多次擔任中華亞、奧運代表團隊醫的復健科醫師周適偉指出，當軟組織受傷時，注射玻尿酸可提供潤滑，給受傷組織保護機制，幫助身體的組織修復。另外，玻尿酸也是組成軟骨的成分之一，但是玻尿酸能不能幫助軟骨生長，醫界目前沒有定論。

雖然研究報告顯示，注射玻尿酸對於潤滑輕、中度軟骨磨損效果較明顯，施打後可緩解軟骨磨損帶來的疼痛，但周適偉醫師、葉文凌醫師根據臨床經驗指出，輕、中、重度軟骨磨損程度可作為臨床使用玻尿酸治療的參考，在無其他禁忌症下都可使用，畢竟玻尿酸可提供潤滑，增加潤滑度，病人症狀就會有一定程度的改善，但緩解疼痛的感受仍有個別差異。

葉文凌醫師指出，玻尿酸治療的止痛效果是否明顯，和年齡有關。原因是年輕人軟骨磨損，大多是外力或運動傷害造成，年輕人的軟骨還能生長，玻尿酸打下去，自己還能長

軟骨，因此治療效果比較好。相對的，中老年人的退化性關節炎，軟骨磨損是退化造成，軟骨已經不具生長能力，打了玻尿酸，軟骨也不易再生，所以治療效果較差。

玻尿酸價格範圍大，一支玻尿酸從600元到2萬元以上都有，一般來說，價格愈貴的玻尿酸，分子量愈高、黏稠度愈

治療筋骨疼痛的常見藥物療法比一比

治療方式	適應症	療程
口服非類固醇抗發炎藥（NSAID）	急性骨骼、軟組織受傷	受傷後的前3天
類固醇注射	骨骼、軟組織傷害，有顯著消炎效果	施打頻率以3個月為1期
玻尿酸	較適合軟骨磨損	■因分子量而異，較短效型的玻尿酸，每週1針，分為3～5劑，可多次施打。 ■長效型的玻尿酸，為1年一劑。 ■一年內需要注射次數愈少的玻尿酸，通常價格愈高。

好、潤滑效果也愈佳。通常價格愈貴的玻尿酸，一年需施打的次數愈少。葉文凌醫師建議民眾量力而為，因為玻尿酸在身體中慢慢磨耗掉，一年多打幾次較便宜的玻尿酸，效果不見得比一年施打一次的昂貴玻尿酸差。

（採訪整理／胡恩蕙）

價格	注意事項
健保給付	■只能受傷後的前3天服藥，多吃會抑制發炎反應。 ■會破壞腸胃黏膜完整性，有胃潰瘍病史，或服藥後解黑便者，要告知醫師。 ■會抑制血小板凝集，增加出血危險性。 ■可能出現過敏。 ■長期服用可能造成心血管系統病變，腎功能下降。
健保給付	■必須注意施打部位，若不慎打到肌腱，會造成肌腱組織變脆，失去受力能力；最禁忌是打在骨骼與肌肉交接的「肌腱骨骼複合體」。 ■必須注意施打頻率，一般治療默契是，同一部位施打，3個月內不得超過3次，一年不能超過5次，但這說法在醫界還無定論。
■健保給付60歲以上、經X光診斷為退化性關節炎者。 ■價格範圍大，自費施打一針600～20000元。	■較年輕者打玻尿酸，效果較好；年長者改善效果比較有限。 ■玻尿酸對軟骨磨損，主要提供潤滑效果；是否能幫助長軟骨，目前醫界尚無定論。

4-3

注射葡萄糖水
能加速受傷韌帶癒合？

　　肌腱、韌帶的傷一直好不了，儘管有去復健，仍隱隱作痛，聽說注射葡萄糖水能加速修復，這是真的嗎？

　　45歲的美玉一直有五十肩的困擾，手臂抬不太起來、不能自由活動，生活上感到很不方便。前陣子她不小心扭傷腳踝，還沒等到傷勢痊癒，又跟著家人去爬山，回來後，只要一走路，腳踝就隱隱作痛。醫師說肩膀和腳踝都已慢性發炎，要花更長的時間復健及運動才能痊癒，讓美玉心煩不已。朋友告訴美玉，注射葡萄糖水可讓症狀減緩，好得快，她半信半疑，這是真的嗎？

　　所謂注射葡萄糖水，是指將濃度約20％的葡萄糖水，施打進患部，誘發組織發炎反應，又稱為「葡萄糖增生療

法」。

　　台灣運動醫學會理事長、林口長庚醫院骨科部外傷骨科主任葉文凌解釋，慢性發炎的部位，是組織受傷後因氧分壓不足，以至癒合不完全，形成疤痕組織。疤痕組織的結構和正常組織不一樣，無法正常受力。<u>施打葡萄糖，可將慢性發炎重新誘發成急性發炎。因為唯有在急性發炎階段，身體才會進行正常癒合反應，讓癒合細胞長出第一型膠原蛋白。</u>

　　第一型膠原蛋白是構成正常肌肉、肌腱、韌帶、筋膜等組織的原料，而疤痕組織則是第三型加第一型膠原蛋白構成。

　　因此，葡萄糖增生療法被稱為是一種「微創治療」、「侵入性關節鏡手術的另一選擇」、「非手術性韌帶重建」或「美式針灸」，它讓慢性受傷的肌肉、肌腱、韌帶等軟組織、甚至骨質，有機會重新癒合，成為正常組織。

　　<u>葉文凌醫師提醒，葡萄糖水注射適合慢性發炎的軟組織，例如慢性肌腱炎、筋膜肌肉發炎、韌帶拉傷、網球肘、五十肩等。</u>如果已經嚴重到韌帶斷裂、半月板破裂，注射葡

萄糖水幫助不大。

前運動醫學會理事長、長期擔任國家代表隊隊醫的復健科醫師周適偉表示，葡萄糖水注射對急性傷害雖然尚未有完整的研究報告，但是臨床上仍有極佳的療效，例如用來治療急性踝關節扭傷等。

此外，有人將葡萄糖增生療法用於治療運動傷害，或退化性關節炎的軟骨磨損，因為軟骨本身發炎反應不強，打葡萄糖是否有幫助，仍需進一步研究，但最近已有文獻支持增生療法對退化性關節炎的療效。

自費一針約150至300元 需搭配運動復健才有效

周適偉醫師表示，注射葡萄糖液時，病人會有明顯酸脹感。有些醫師會在葡萄糖注射液中，加入局部麻醉藥，除了減輕注射時的酸痛感，也可能增加療效，但是打麻醉藥依然有風險，雖然發生率極低，但病人宜和醫師討論注射的內

容物。

　　若想嘗試葡萄糖增生療法，周適偉醫師指出，最好是根據受傷部位相關的運動肢體，進行完整的運動鏈注射治療計劃，如此可得到更佳的療效，甚至根本解決問題。

　　所謂運動鏈，是指進行運動動作（例如投球、跑步）時，一連串骨骼、肌肉的協同運動。因此，醫師的經驗及判斷相當重要。

　　注射葡萄糖健保不給付，自費一針行情約150至300元，和另一項健保不給付的新興療法——注射「自體血漿生長因子（PRP）」，一針約15000至20000元相比，算是親民許多。

　　要注意的是，葡萄糖增生療法除了注射之外，療程還要包括患處的運動強化訓練。一個完整的療程，約需注射4～8次以上，注射次數與病患進行復健運動的程度有關，每次注射間隔1～2週，注射至日常生活或運動不再被疼痛困擾為止。

　　欲改善注射葡萄糖液後的酸脹感，周適偉醫師建議病

患注射後，注射部位要動100下，讓葡萄糖液擴散到周圍組織，以緩解酸痛，也可在注射處冰敷約20分鐘。他強調，冰敷就是一種消炎止痛藥。此外，注射葡萄糖液後不可熱敷，也不能泡熱水澡及溫泉。

（採訪整理／胡恩蕙）

1分鐘搞懂葡萄糖增生療法

治療方法	原理	適應症	療程	費用	注意事項
葡萄糖水注射	施打濃度約20%的葡萄糖水，將慢性發炎誘發為急性反應，以重啟組織癒合修復，長出正常的第一型膠原蛋白。	慢性軟組織受傷：例如慢性肌腱炎、筋膜肌肉發炎、韌帶拉傷、網球肘、五十肩等。	■一個療程需注射4～8次以上。 ■注射後，患者還要進行患部的復健運動。 ■每次注射間隔1～2週，注射至日常生活不再被疼痛困擾為止。	健保不給付，一針自費行情約150至300元。	■較適合軟組織傷害（肌肉、肌腱、韌帶、筋膜），對軟骨磨損是否有幫助，醫界尚無定論。 ■注射後，注射部位動100下，可緩解酸痛。 ■注射後不要熱敷、泡熱水澡及溫泉。

肌腱炎、膝痛
注射自體血漿可止痛？

慢性肌腱炎、足底筋膜炎、韌帶拉傷……一直好不了，醫生建議可注射自體血漿生長因子PRP加快身體修復速度。到底什麼是PRP？注射時要留意什麼？

注射自體血漿生長因子除了能改善上述肌腱、筋膜、韌帶等軟組織疼痛，有人宣稱：「軟骨磨損或退化性關節炎患者不需開刀治療，只要注射自體血漿生長因子就能改善疼痛」，這是真的嗎？

亞琪是位擊劍選手，她在一次練習中，不慎因左膝外翻，造成前十字韌帶撕裂和半月板破裂。為了參加半年後的全國運動會，在醫師建議下，施打了目前最新的自體血漿生長因子，並在醫師指導下，做適當運動治療。受傷5個月

後，亞琪回到擊劍場上做正常訓練，並在全運會中，獲得女子鈍劍團體銅牌！

自體血漿生長因子注射（以下簡稱PRP），因似乎能加快運動傷害修復速度，近年在運動醫學領域備受矚目。它被歐美職業運動員視為運動傷害的剋星，這兩年台灣甫引進此技術。究竟PRP是什麼？它對運動傷害真有神效嗎？有什麼限制？

注射富含生長因子的自體血漿可修復受傷部位，幫助癒合

自體血漿生長因子注射（英文是Platelet Rich Plasma，簡稱PRP，又稱再生療法），是先將病人自己的血抽出來，以離心方式萃取血小板，再將富含血小板的血漿打回病患受傷部位。

多次擔任中華亞、奧運代表團隊醫的復健科醫師周適偉解釋，血小板會釋放生長因子，可幫助組織進行修復癒合反

應，所以注射PRP的目的，就是將高濃度生長因子直接打在受傷部位進行修復。

綜合國外研究和臨床觀察，周適偉醫師建議PRP適用於慢性肌腱炎、足底筋膜炎、韌帶拉傷、肌肉撕裂傷、肌腱斷裂、軟骨磨損等運動傷害，和退化性關節炎。

周適偉醫師臨床上觀察發現，包括亞琪等運動選手，嚴重受傷時注射PRP，對於早日復原、回到運動場上有幫助。他也曾幫一位股骨頸線性骨折的軟網選手注射葡萄糖及PRP，配合運動強化訓練，幾個月後，這位運動員仍參與亞運國手選拔賽。

 ## 施打自體血漿後遵守 5 大注意事項 會讓治療效果更明顯

PRP的修復機制，目前尚無定論，不過國外研究，在肌腱發炎及足底筋膜炎傷處注射PRP，發現生長因子能促使第一型膠原蛋白明顯增加。

　　一般視嚴重程度，PRP的療程需注射1～3劑，每次施打間隔2～4週。不過，由於目前各廠牌PRP的製程、離心萃取方式不一，加上每個人的血液、生長因子品質不同，周適偉醫師指出，PRP究竟要施打幾次，每次施打的時間間隔、搭配運動治療時間的長短，目前醫界尚無定論，仍應考慮個別的差異性。

■注射PRP期間應注意：

1. 避免劇烈運動。
2. 不服用非類固醇抗發炎藥（NSAID）、維他命E、不服用抗凝血製劑（如：阿斯匹靈、抗凝血劑、銀杏等）。若為長期服用阿斯匹靈或抗凝血劑患者，應在醫師同意下，在注射前後1週考慮暫停服用，否則可能需增加治療次數。
3. 避免熱敷、泡熱水澡或溫泉、使用烤箱或蒸氣浴等。
4. 注射PRP期間，經復健科醫師指導後，搭配復健運動強化肌力，可進一步提高療效。
5. 冰敷可減輕注射或運動後的酸痛不適感。

　　葉文凌醫師提醒，用生長因子治療之概念存在已久，但PRP仍屬於新興治療，其療效需更多大型研究佐證，且PRP屬於高價自費項目，一針約15000至20000元，健保不給付，除非經濟情況允許，他不特別建議。在治療順序上，建議先打葡萄糖液（其療法詳見本書4-3注射葡萄糖水，能加速受傷韌帶癒合嗎？），加上物理治療、運動治療，如果效果還不夠，才考慮PRP。

　　葉文凌醫師及周適偉醫師均強調，想要加速受傷的軟組織修復，不論是施打葡萄糖液或PRP，都要配合運動治療，才能促進組織修復，早日回復原有的肌力。

（採訪整理／胡恩蕙）

自體血漿生長因子PRP
緩解哪些疼痛效果較顯著？

自體血漿生長因子注射PRP屬於新興療法，各界對它的療效既好奇又質疑。多次擔任中華亞、奧運代表團隊醫的復健科醫師周適偉回顧醫學文獻指出，PRP對慢性肌腱炎、足底筋膜炎、手肘肌腱炎（例如網球肘、媽媽手）、阿基里斯腱斷裂、以及55歲以下、輕中度軟骨磨損或退化性關節炎患者，幫助較顯著。相關重點研究如下：

● 可改善「慢性肌腱炎」
研究顯示，對接受1年以上膝蓋肌腱炎治療的運動員施打PRP，發現有八成運動員回到競技場，並在第3次注射PRP後1至4個月，達到原來活動水準。

● 可改善「網球肘、媽媽手」
研究顯示，對手肘肌腱炎患者注射PRP，8週後評估疼痛指數，接受PRP注射者疼痛指數下降六成，未注射PRP者僅下降一成六。

● 可改善「肌肉撕裂傷」
研究顯示，對肌肉撕裂傷患者，利用超音波導引注射PRP，患者功能恢復的時間，比預期快將近一半。另外，對急性阿基里斯腱斷裂的運動員施打PRP，發現重回運動場的時間，自3週提早至2週。

● **可改善「55歲以下、輕中度的退化性關節炎」**
比較注射PRP和玻尿酸，對退化性關節炎病人的改善效果，發現
PRP對於疼痛及功能改善程度，均比玻尿酸佳。

不過，研究也發現，PRP對於55歲以下、輕中度軟骨磨損患者，
疼痛減輕、膝蓋功能改善的效果較明顯。年紀大的患者，施打PRP
的效果相對沒那麼好，推測是年長者對生長因子反應較差。
周適偉醫師強調，上述研究屬規模較小的前瞻性研究，尚需大
型、雙盲研究才足以佐證PRP的療效。

1分鐘搞懂「自體血漿生長因子（PRP）」

原理	適應症	療程	費用	注意事項
將病人自體血液抽出，離心萃取後，將富含血小板的血漿打回病患體內。血小板會釋放生長因子，幫助受傷組織癒合。	慢性肌腱炎、足底筋膜炎、肌肉撕裂傷、肌腱斷裂、輕中度軟骨磨損或退化性關節炎。	■視嚴重程度，注射1～3劑。 ■每次施打間隔2～4週。	一針約15000至20000元，健保不給付。	■尚屬新興治療，療效需更多大型研究佐證。 ■注射期間，需注意： ・避免劇烈運動。 ・不服用NSAID消炎止痛藥及維他命E、抗凝血製劑（如：阿斯匹靈、抗凝血劑、銀杏等）。 ・如有長期服用阿斯匹靈或抗凝血劑患者，應在處方醫師同意下，在注射前後一週考慮暫停服用。 ・不要熱敷、泡熱水澡及溫泉。 ・可冰敷減輕注射或運動後的酸痛不適。

（整理／胡恩蕙）

Part 5

跑步後舊傷好不了 該復健，還是運動 治療？

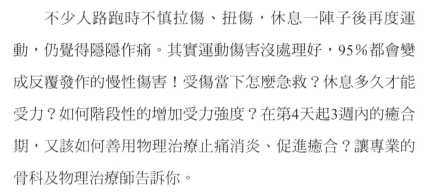

5-1
瘋跑步腳痛揮之不去
何時復健最有用

　　不少人路跑時不慎拉傷、扭傷，休息一陣子後再度運動，仍覺得隱隱作痛。其實運動傷害沒處理好，95％都會變成反覆發作的慢性傷害！受傷當下怎麼急救？休息多久才能受力？如何階段性的增加受力強度？在第4天起3週內的癒合期，又該如何善用物理治療止痛消炎、促進癒合？讓專業的骨科及物理治療師告訴你。

　　心蓓是愛跑步的女生，每2天總要去慢跑3公里。有一回跑步時，她不小心踩到坑洞，造成腳踝扭傷、韌帶拉傷，當下不以為意，慢慢走回住處冰敷休息。後來雖然看了醫生，但腳踝痛了一個多月仍沒全好，她只能繼續休息，暫停最愛

的跑步運動。她覺得很煩惱，究竟該怎麼做，才能讓腳踝復原，重拾跑步樂趣？

2大疏忽讓「急性運動傷害」惡化成難痊癒的「慢性傷害」

台灣運動醫學會理事長、林口長庚醫院骨科部外傷骨科主任葉文凌指出，臨床上急性期運動傷害沒有處理好，95％都演變成慢性傷害！可見運動傷害的處理非常重要，而且民眾處理時常不自覺地忽略了2個盲點：

1. 運動受傷後，未依PRICE原則給予保護

很多人都知道運動受傷後要休息，但葉文凌醫師提醒，運動受傷的前3天是急性發炎期，要做的不只休息，處理方式應是PRICE——保護（Protect）、休息（Rest）、冰敷（Ice）、壓迫（Compression）、抬高患處（Elevation）。

2. 新生的膠原蛋白還未長好，就貿然恢復原來運動強度

　　葉文凌醫師表示，運動受傷後，受傷組織會長出新的膠原蛋白。問題是，正常的新生膠原蛋白，要在受傷後6週，才能開始受力，直到傷後12週（約3個月），才能到達正常膠原蛋白受力的90％。

　　要注意的是，很多民眾常等不到6～12週，就開始恢復成未受傷前的運動型態及強度，結果造成新生膠原蛋白長得混亂且方向不同，神經組織也來不及恢復，以至於受傷處再度受傷，變成慢性傷害。

 復原別心急
受傷後的急救，你做對了嗎？

■受傷後3天內的「發炎期」照護重點

★PRICE─保護（Protect）、休息（Rest）、冰敷（Ice）、壓迫（Compression）、抬高患處（Elevation）。目地是降低發炎反應，縮短疼痛時間。（詳細說明請見3-2）

■受傷後第4天起至3週內照護重點

★接受物理治療，目地是提升受傷部位血液循環、幫助止痛
　消炎，促進癒合。

　　葉文凌醫師解釋，受傷後3週內的癒合期，主要是長出
新的膠原蛋白。此時癒合細胞到受傷組織進行癒合作用，當
氧氣足夠時，癒合細胞會長成第一型膠原蛋白，其結構是立
體交叉，較強韌，可正常受力，是構成正常肌肉、肌腱、韌
帶、筋膜等組織的成分。反之，當氧氣不足時，癒合細胞就
長成疤痕組織，其結構是片狀、易碎，無法正常受力。

　　因此，在3週內的癒合期進行物理治療，目的除了止
痛，還可增加血液循環，給予受傷部位足夠的氧氣，幫助癒
合細胞發育成較強韌，可正常受力的第一型膠原蛋白。

4大常見物理治療
幫助組織癒合，促進血液循環

　　澄清醫院復健治療部主任蔡永裕表示，跑步導致肌肉、

肌腱、韌帶、筋膜拉傷，可利用熱敷、超音波治療、向量干擾波、雷射等物理治療方式，提升受傷部位血液循環、幫助止痛消炎，促進癒合。

　　葉文凌醫師指出，給予熱敷、向量干擾波、雷射還有很重要的功能是「放鬆，減少肌肉組織緊繃的情況」，這有助於未來新生膠原蛋白的排列。常見的4種物理治療，健保均有給付，介紹如下：

1.熱敷

　　熱敷可利用熱毛巾、熱水袋（用毛巾包覆），直接敷在受傷部位，時間10～20分鐘。熱敷是藉由增加皮膚表面溫度，使得血管擴張，增加血液循環。

　　一般認為，受傷第3天後可以開始熱敷。不過，蔡永裕物理治療師提醒，每個部位發炎期不同，軟組織例如韌帶、肌肉、肌腱拉傷等，如果感到紅腫熱痛，代表還處於發炎期，這時不能熱敷，以免發炎更嚴重、對受傷部位癒合造成

反效果，因此各部位熱敷時機、是否做熱敷，建議依照專業
醫療人員指示。

2.超音波治療

★適合改善「慢性肌腱炎、骨關節炎、肌肉韌帶」等運動
　傷害。

　　蔡永裕物理治療師指出，超音波治療是透過音波，將
熱能傳到組織內，引起震盪，促進組織血液循環，並具有消
炎、按摩、避免組織沾黏的效果。

　　操作時，物理治療師會在受傷部位塗抹凝膠，以超音波
探頭畫圓，將超音波導入。由於超音波在受傷部位，引起神
經末梢的震盪，病患會覺得熱熱痠痠的，不過蔡永裕物理治
療師提醒，痠應該是舒服的微痠。如果能量愈開愈大，病人
感到酸痛，反而不利受傷組織癒合。

　　超音波治療可1天做1次，1次6～7分鐘。蔡永裕物理治療

師指出，每個人受傷情況及所需治療次數不同，建議做到受傷處腫脹消失、自覺症狀比較舒服時，就可停止。

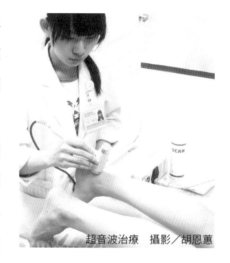
超音波治療　攝影／胡恩蕙

由於超音波有熱及震盪效果，如有懷孕、癌症部位、深層靜脈栓塞或配戴心臟節律器等，使用時應避開這些部位。不過，蔡永裕物理治療師說，跑步傷害通常在腳部、小腿，在受傷處局部治療，只要不直接接觸孕婦腹部、癌症部位、深層靜脈栓塞處或心臟，其實沒有關係。

3.向量干擾波

★常用於「治療軟組織受傷，例如：韌帶扭傷、肌腱炎、肌肉及筋膜疼痛等」，馬拉松跑者因「髂脛束摩擦症候群造成膝蓋或髖部疼痛」，也可用向量干擾波治療。

向量干擾波是利用兩個不同頻率的電波，互相干擾，形成干擾波區域，目的是止痛，及進入深層組織增加血液循環，而達到修補組織的效果。

　　蔡永裕物理治療師指出，向量干擾波不會引起肌肉收縮，產生的刺激比較舒適，病人常感覺有按摩效果。向量干擾波做1次約15～20分鐘，每天做1次為宜，同樣做到受傷部

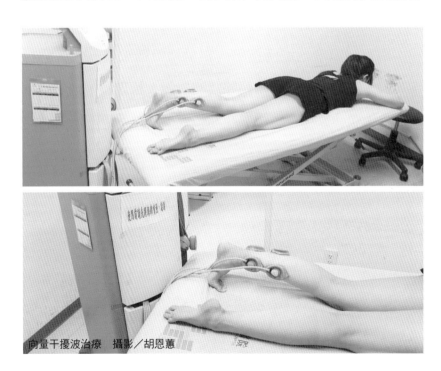

向量干擾波治療　攝影／胡恩蕙

位腫脹消失、病人自覺症狀較改善、較舒服時，就可停止。

4.雷射

★常用來治療軟組織傷害，如「肌腱炎、肌肉、筋膜、韌帶
受傷等」。

蔡永裕物理治療師指出，雷射是一種激發光束，它打
至人體內，可促進細胞內粒腺體的功能。粒線體是細胞發電
廠，粒線體功能增進，可提升細胞修補受傷部位的能量，並

雷射治療　攝影／胡恩蕙

促進血液循環，膠原組織增生。

物理治療使用的雷射是低能量雷射，不引起熱能，急性期也可做。雷射治療時，有些人會覺得該部位有微痠感，但多數人沒有感覺。雷射對眼睛有害，治療時宜避免眼睛直視雷射，最好戴墨鏡保護。

雷射通常1～3天做1次，1次15分鐘，蔡永裕物理治療師提醒，通常做到自覺受傷部位比較舒服，腫脹消失，才算完整的療程。

運動受傷時，病人可同時接受超音波、向量干擾波、雷射治療，目前坊間復健診所盛行，不論在醫院或診所做物理治療，只要儀器相同，治效差不多，重點在診斷及操作人員是否具備運動醫學專業。

物理儀器治療是輔助
運動治療才能避免舊傷復發

有些人覺得做物理治療後，受傷處比較不痛，但沒做，

酸痛又來了。蔡永裕物理治療師強調，運動受傷後，物理治療能讓受傷部位消炎止痛、促進癒合，但造成運動傷害的根本原因是身體柔軟度不足，或肌肉力量不夠，才會受傷，因此物理儀器治療只是輔助項目，更重要是做「運動治療」。

葉文凌醫師也指出，運動治療才是治療運動傷害的根本，它不但促使膠原蛋白排列方向正確，重要的是，可提高受傷部位的柔軟度和肌肉力量，才能避免運動傷害治好了，但去運動一陣子同一部位又再度舊傷復發。

運動治療的時機，是在傷後第4天至12週，在專業人員指導下，根據每個人的身體，及受傷部位所能承受力道和方向，給予適當運動訓練（詳情請見5-2至5-4）。不要舊傷復發，建議找專業人員進行完整的治療。

（採訪整理／胡恩蕙）

5-2

扭傷腳踝一動就痛 怎麼恢復腳力？

　　腳踝扭傷，走路一拐一拐，很多人的反應是「暫時不能運動了」，但台灣運動醫學會理事長、林口長庚醫院骨科部外傷骨科主任葉文凌表示，運動受傷經過前3天急性發炎期，組織進入癒合期，要新生膠原蛋白長得好，必須給它施力方向才能正常排列。

　　不過，新生膠原蛋白必須等到傷後6週，才能逐漸受力，而且神經反射也未恢復，這是很多人受傷後一個多月，受傷部位不太能用力，一用力又容易受傷的原因。

傷後第4天至6週做「被動式訓練」
以不會痛為原則，維持關節活動度

傷後6週不能用力，又希望膠原蛋白按照施力方向生長，該怎麼辦？葉文凌醫師指出，這時可藉由「被動式訓練」，給予膠原蛋白施力方向，並維持關節活動度。

足踝受傷後第4天起至6週，可做被動式訓練。長庚醫院運動醫學小組運動防護員張家維表示，被動式訓練，簡單來說，是按照原來活動的方向，做「不會痛」為原則的活動。例如，踝關節可按照4個方向活動—下踩、上勾、外翻、內翻，每個方向做20下為1組，一次做3組。分解動作如下：

Step 1
取一條毛巾，套住受傷的腳踝。

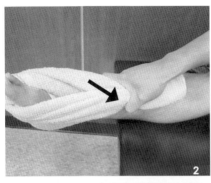

Step2
將毛巾稍微拉向身體內側，讓腳
踝往內側活動，注意角度要小。

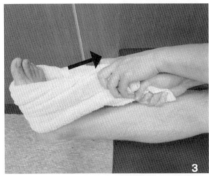

Step3
將毛巾稍微拉向身體外側，讓腳
踝往外側活動，注意角度要小。

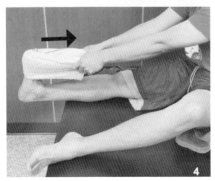

Step4
將毛巾往身體方向拉，讓腳踝上
勾；完了之後再將腳板往下踩，
4個方向各做20次即為一組。

 ## 傷後6至12週做「主動式訓練」
幫新生膠原蛋白正確排列，增加肌耐力

　　葉文凌醫師指出，隨著傷後接近6週，踝關節可逐漸用力，必須一直等到傷後12週，新生膠原蛋白才能達到正常受力的90％。傷後6週至12週，可做「主動式訓練」。

　　張家維防護員指出，主動式訓練是依照活動方向，給它相對的阻力。例如，腳踝勾起來時，給它一個向下壓的力量；或腳踝往內時，給它一個往外的阻力。做的力道，以隔天不會痛為原則。示範如下：

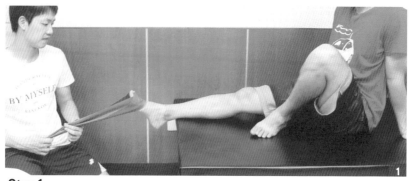

Step 1
防護員取一條彈力帶，套住受傷的腳。

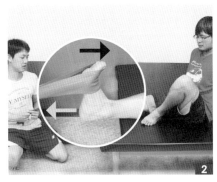

Step2
傷者將腳踝往上勾，訓練員同時將彈力帶往自己方向拉，給腳踝一個反作用力。

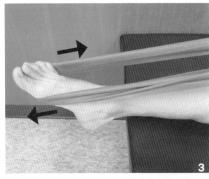

Step3
傷者自己拿彈力帶，將腳踝往下壓，同時將彈力帶往身體方向拉，給腳踝一個反作用力。

Step4
防護員拿彈力帶，傷者將腳踝往外翻，同時訓練員將彈力帶往傷者身體內側拉，給腳踝一個反作用力。

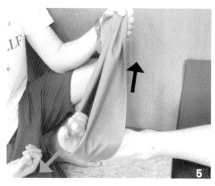

Step5

訓練員拿彈力帶,傷者將腳踝往內翻,同時訓練員將彈力帶往傷者身體外側拉,給腳踝一個反作用力。

上述動作每個方向20下為1組,1次做3組。

📢小技巧

若沒有防護員,可將彈力帶綁在桌腳、椅腳,自己在家訓練。將彈力帶綁在桌椅腳上,桌椅腳會將彈力帶往反方向拉,如同給腳踝一個阻力,這時受傷腳踝再往上勾,即可達到「主動式訓練」的效果。同樣方式,可訓練腳踝內翻及外翻動作。

動作提供／長庚體系運動醫學小組運動防護員張家維
動作示範／運動防護員張家維、長庚醫院體適能中心會員李晉鳴
攝影、採訪整理／胡恩蕙

5-3
被動式訓練幫疼痛的膝蓋 逐步增加活動度

　　台灣近年吹起一陣路跑風，許多民眾紛紛加入慢跑行列，但常因缺乏暖身，或運動過於劇烈，導致膝蓋疼痛；若疼痛反覆發作，可能變成永久性傷害，一旦膝蓋反覆疼痛，要怎麼處理？又有什麼辦法可自行在家舒緩疼痛？

　　台灣運動醫學會理事長、林口長庚醫院骨科部外傷骨科主任葉文凌指出，跑步引起的膝蓋疼痛，不論是髂脛束摩擦症候群、髕股骨關節綜合症或半月板受損，一開始除了服用消炎藥止痛，皆可局部注射葡萄糖液、玻尿酸，甚至注射最新的血漿生長因子（PRP）來治療（上述治療詳見本書4-1至4-4），並可搭配物理治療，如：熱療、電療、干擾波、超音波等（物理治療詳見本書5-1），若疼痛反覆發作，代表已慢

性發炎，也可考慮震波治療。

不過，葉文凌醫師強調，<u>要避免膝蓋受傷處惡化，或已治好的膝傷反覆發作，根本辦法是「給予運動訓練」</u>，改善肌肉力量和柔軟度，讓肌肉分擔關節的受力，才能改善膝蓋受傷的問題。

只是膝蓋已經受傷了，該怎麼動，才能不加重疼痛又對復原有幫助？以下就讓專精運動傷害治療的骨科醫師及運動防護員來替我們解答。

膝傷後第4天起至6週內
建議給予「被動式訓練」

運動受傷經過前3天急性發炎期，組織進入癒合期，要新生膠原蛋白長得好，必須給它施力方向才能正常排列。<u>因此，膝關節受傷後第4天起至6週內，可給予「被動式訓</u>

練」，以維持關節活動度，並幫助新生膠原蛋白按照正常受

力方向生長。

　　動作以「不會痛」為原則，可請人協助，做完後如果疼

痛必須冰敷。示範如下：

步驟 **1**

身體趴著，有膝傷的腳往後彎曲，用同側手抓住腳踝處。

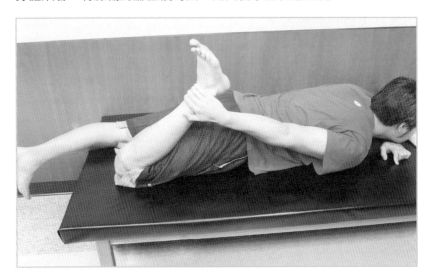

步驟 2

手部用力，讓小腿靠近臀部，使膝蓋微微伸展，停留15～30秒。

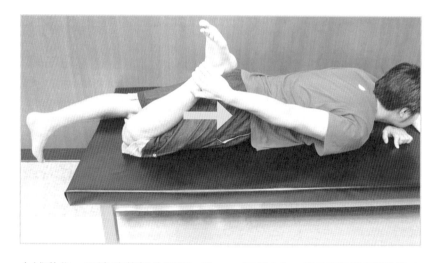

上述動作，兩邊膝蓋都伸展算一次，一天做3次。長庚體系運動醫學小組運動防護員張家維提醒，一般膝蓋受傷不太能彎曲，進行被動式訓練時，可讓它稍微多彎一點，以隔天不會痛為原則。

動作提供／長庚體系運動醫學小組運動防護員張家維
動作示範／李晉鳴　攝影／胡恩蕙

（採訪整理／胡恩蕙）

拉傷、扭傷好不了？
運動治療幫你遠離疼痛

　　運動時拉傷或扭傷，吃了消炎止痛藥及接受物理儀器治療，卻還是隱隱作痛嗎？不妨試試醫師推薦的運動處方，讓運動治療緩解疼痛困擾！

　　志榮每天晨起慢跑，年近40的他每天跑5公里，一開始流汗運動很暢快，後來卻逐漸出現膝蓋疼痛的情況。去看醫師發現軟骨磨損，也就是出現退化性關節炎的症狀，用物理治療儀器做短波、超音波和電療一陣子，膝蓋不再疼痛，志榮又開始跑步。不過，跑了幾次，膝蓋疼痛的毛病又開始了，志榮納悶：「是物理治療儀器沒效嗎？為何一陣子不做物理治療，又開始疼痛……」

　　其實，當運動傷害或退化性關節炎，儀器治療無效的時

候，必須加強運動治療。前運動醫學會理事長、長期擔任國家代表隊隊醫的復健科醫師周適偉表示，美國運動醫學會在2007年，即提出「運動是良藥（Exercise is Medicine™）」的觀念，並將之註冊為商標，因為治療運動傷害、退化性關節炎或骨刺，改善慢性發炎疼痛，運動治療才是王道。

運動傷害為何常復發？

許多長年運動的人，經常被慢性發炎的舊傷困擾。周適偉醫師指出，運動傷害有兩大原因：

1. 重複使用
沒有機會治療或休息。

2. 本身結構上有缺陷
例如脊椎側彎、長短腳、骨盆不對稱、軟骨磨損等，導致出現運動傷害症狀，或肌骨關節疼痛。

周適偉醫師表示，運動就像健檢，可以發現身體弱點。他坦言，為什麼有人跑步會受傷，但有人不會？有人膝蓋易受傷，但有人卻是腳踝易受傷？有人易傷右腳，有人易傷左腳？這顯示某處肌肉力量不足，保護能力不夠，才會在進行有強度的運動時，造成傷害。

　　一旦受傷，只能一直休息嗎？周適偉醫師澄清，休息不是完全不動，而是「活動性休息（active rest）」，此時可針對病患身體、受傷組織的能力狀態，給予適當運動處方。

「運動治療」是運動傷害的良藥
能預防舊傷復發

　　所謂運動處方，是針對患部相關運動鍊的復健運動。什麼是「運動鍊」？周適偉醫師解釋，運動鍊是進行某特定運動動作，例如跑步時，足部、小腿、膝蓋、大腿、髖部、身體腹部及背部，甚至上肢頸部等，有一連串肌肉骨骼關節的協同動作。跑步時，若運動鍊的「控制端」穩定，對於「活

動端」的動作，就有保護效
果，不易產生運動傷害，同
時也提高運動表現。

　　他進一步解釋，跑步時
主宰膝蓋活動的「控制端」
是在下背的核心肌力，「活
動端」則是大腿股四頭肌串
連膝關節，若跑步時膝關節受傷，顯示下背核心力量可能不
足。想要預防跑步引起的膝關節運動傷害，就必須強化核心
肌力，包括腹背肌、臀肌、骨盆底肌的力量。

　　周適偉醫師指出：「運動治療不能改變『先天形狀或年
齡變化』，例如脊椎側彎、長短腳、軟骨磨損、骨刺等形狀
不對稱性的變化，但能改變『症狀』」，因為運動治療能訓
練肌肉力量，達到保護關節，預防舊傷復發的目的。

　　根據研究，即使是老年人，經過訓練，肌肉力量也可達
到接近年輕人的狀態。因此，以患部相關運動鍊的復健運動
治療，才是預防及治療運動傷害的根本。

跑步造成膝蓋、足踝受傷
傷後12週，運動處方這樣做

以跑步常引起的膝蓋、腳踝受傷為例，周適偉醫師表示，膝關節受傷常與下背核心肌力不足有關；若腳踝易受傷，則必須強化臀肌力量，以下是常見的運動處方。要注意的是，這些運動處方，需等到受傷後過了12週，新生膠原蛋白達到正常受力的90％再進行：

1 膝蓋易受傷

推薦》轉體弓背，強化下背核心

膝蓋受傷時可做，平常亦可做，可預防膝蓋受傷。下列動作每個方向各做10次為一組，一天做3組，動作如下：

Step 1

站上羅馬椅（一般健身中心均有），髂骨脊與羅馬椅上緣平行，雙手放耳朵旁邊，胸打開，頸部固定。

Step2

往上小幅度微抬約30度（視自身
情況調整）。

Step3

往下微彎30度（視自身情況調
整）。如此上、下為一次，做10
次。

Step4

身體往左轉，右手放胸前，左手
放後面。

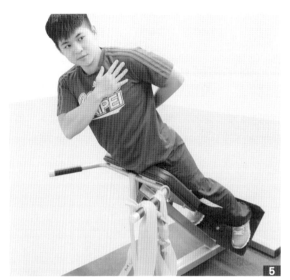

Step5

將身體往上，小幅度微抬約30度（視自身情況調整），這時練到右側腰背肌。

Step6

將身體往下微彎30度（視自身情況調整）。在身體左轉的狀況下，身體往上微抬＋往下微彎為1次，做10次後，換邊進行。

2 足踝常受傷

推薦》併跟開掌，強化臀部核心

此動作主要訓練臀部梨狀肌，可預防及改善足踝問題。

Step 1

1 將彈力帶對折，打死結。

Step 2

2 坐下，將腳伸入彈力帶中，腳跟放在彈力帶中間，打結處朝上置中。

Step3

將彈力帶交叉，形成一個8字。

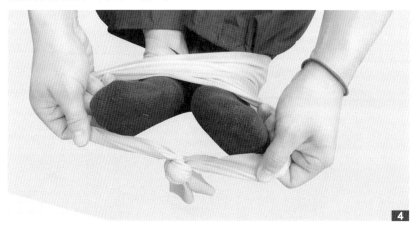

Step4

將8字上面的圓圈，往前套在腳上。

5

Step5
將右腳上的彈力帶攤開，避開大拇指，套住食指之後的4隻腳趾至右腳
外側，左腳照做。

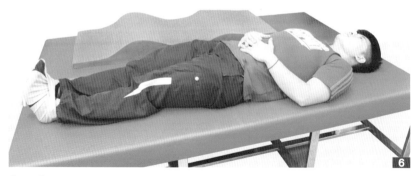

6

Step6
平躺，腳尖朝上。

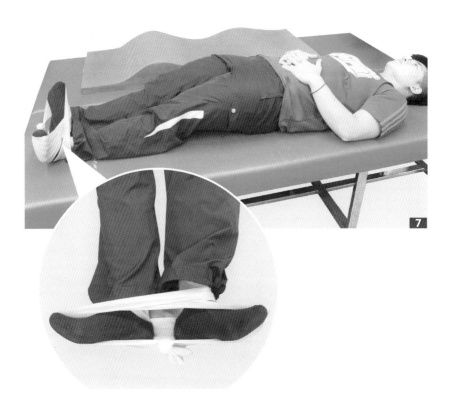

Step7

將腳掌用力撐到最開，屁股夾緊，感覺臀部由微酸到最酸的感受，數
10秒。如此動作重複10次為一組，一天做3組。

動作示範／周適偉診所運動治療教練劉藍尹
攝影、採訪整理／胡恩蕙

　　葉文凌醫師、周適偉醫師均強調，<u>運動訓練是治療運動傷害的根本辦法</u>。周適偉醫師指出，<u>唯有穩定運動鏈「控制端」的基礎訓練，讓肌肉力量足夠，核心肌群有力，身體才有能力從事跑步等強度較強的運動</u>。當運動受傷時，必須在不同階段，給予適當運動處方，才能幫助選手回到競技場，一般民眾也才能重拾運動的樂趣。

Part 6
循序漸進計劃
你也能挑戰馬拉松

6-1

7個方法玩跑步
安全又有趣

　　沒有人是天生的路跑好手，要成為零傷害的愛跑者，一定要找到正確的方法，持續遵守，7個方法，讓你跑出健康、安全及樂趣。

　　上班族天藍想要靠慢跑來增加自己的運動量，但聽說很多朋友跑沒幾天就膝蓋痛、腳踝扭傷。天藍想要維持跑步的運動習慣，她該怎麼做才能避免運動傷害呢？

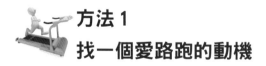

方法 1
找一個愛路跑的動機

　　國內的復健科醫師陳易進曾進行「慢跑習慣與認知行

為調查」，發現有高達七成的路跑新手撐不過3個月就放棄了，更有八成的新手認為耐力差，身體容易疲累、肌肉酸痛，是他們慢跑時遇到的障礙。

國家代表隊隊醫、桃園長庚醫院復健科主治醫師林瀛洲表示：路跑動機很重要，動機是一種心理因素，動機愈強烈，愈愛跑，在「愛」的前提下，就會愈加注意安全，避免讓自己深陷傷害之中。他自己就是一個例子，以前不愛路跑，後來買了一支具有量心跳、計算卡路里的多功能體適能手錶，為了研究這支錶的功能，他邁開雙腳跑了起來，果真跑出興趣，一路挑戰半馬及全馬。

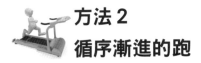

方法 2
循序漸進的跑

平時沒有運動習慣的人，一下子參加10公里、半馬、全馬以上的路跑比賽，一定會力不從心、氣喘吁吁、肌肉酸痛，台北醫學大學骨科部教授暨運動醫學科主任陳志華建

議要循序漸進的跑，先從身體可承受的量及頻率開始跑，能跑3公里，就不要跑6公里，每周規律跑3天，等到身體協調性穩定了，能夠適應路跑步調，再開始持續提升體力及續航力，他鼓勵很舒服、很快樂地路跑，就不會半途而廢。

 ## 方法3
選擇符合自己的配備

　　穿對跑鞋、衣褲，有助提高路跑的樂趣。不是每一雙運動鞋都可以穿著路跑，所以不要穿著籃球鞋、休閒鞋、帆船鞋路跑，因為鞋底紋路不深，抓地力弱，容易扭傷腳踝、滑倒跌傷。

　　陳志華醫師建議初跑者，可以穿氣墊式跑鞋，具有避震、緩衝及穩定效果，可以減輕腳的負擔。至於參加路跑賽事的跑鞋，林瀛洲醫師認為宜選擇材質輕、抓地力強的專用跑鞋，但仍需依照個人路跑的習慣選購，免得買了一雙不適合的專用跑鞋，未能發揮應有的成績表現，殊為可惜。陳志

華醫師建議，不妨購買不同功能的兩雙跑鞋替換穿，除了有預防黴菌孳生的衛生考量外，也是希望能讓雙腳在不同的設計概念下，預防足底筋膜受傷、發炎的機會。

至於衣褲，建議要穿透氣、易排汗的聚脂纖維材質，純棉衣褲的吸汗力強，但不透氣、不易散熱，很容易黏住身體，反而感覺不舒服，皮膚易癢、起疹子。

方法 4
跑出節奏順序

愛路跑的人，會帶著事先計畫好的路跑藍圖跑，依據藍圖指示，一關一關、循序漸進的前進，既輕鬆，又能跑出好成績。

愛當周末運動員的跑者，往往沒有這張藍圖，經常會跑出肌肉酸痛、肌腱及筋膜發炎、韌帶斷裂等運動傷害，林瀛洲醫師建議路跑者，應先在心中規劃路跑的順序與時間長度，這規劃是專屬於個人的，應量力而為。

順序1》做熱身操，提高身體體溫、柔軟僵硬的肌肉。

順序2》邁開腳步往前跑。跑步時，呼吸節奏需與步伐大小做連結，發現呼吸急促，愈跑愈喘時，步伐要開始放慢，或換成健走調呼吸，等到呼吸穩定了，步伐可再回復正常。

順序3》路跑結束後，需做收操、冰敷及按摩，以促進新陳代謝，降低乳酸堆積的酸痛感。

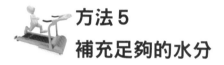

方法 5
補充足夠的水分

跑步前30分鐘，需補充250～500cc白開水。跑步中，跑了15分鐘，宜小口補充100～200cc的水，若要持續跑步1小時以上，可適時補充含有電解質、鈉、氯離子的運動飲料。

路跑後，不妨飲用低糖、含電解質的運動飲料，有助於體力的恢復。

方法6
找出專屬步調及步伐

不少路跑者追求坊間強調的「姿勢跑法」，認為這才是最正確的路跑姿勢，但林瀛洲醫師不盡贊同，因為每一個人的體格、心肺功能、步伐都不一樣，所以沒有規定一定要採取哪一種路跑姿勢。

林瀛洲醫師認為路跑時，只要身體向前傾，膝蓋保持一定的彎曲，跑者只要找出適合自己的步調以及步伐跑步就可以了。

如果民眾刻意追求標準的跑步姿勢，可能會造成跑步動作不流暢，而過度專注於姿勢正確與否，也會讓身體緊張，最後反而失去路跑的樂趣。

有些路跑者會捨棄「向前」跑的姿勢，習慣倒退跑步，

但陳志華醫師認為這是錯誤跑姿，一不小心就會受傷，千萬要避免。

方法7
在最適合的場地路跑

有人覺得PU跑道平坦、少有凹洞，最不會受傷，而山間祕境，道路凹凸不平，容易扭傷腳踝，林瀛洲醫師表示，路跑場地的完善與否，雖和運動傷害有相關性，但關鍵還是在路跑者的選擇及專心程度。一個身心狀態良好，路跑技術成熟的跑者，可挑戰山間祕境的蜿蜒山路，且不會受到任何傷害；相對地，身心狀況不良、路跑技術不到位的路跑者，即使跑在PU跑道上，也會受傷。陳志華醫師也指出，<u>無論是在哪一種場地路跑，都不要在太熱、太冷、下大雨等天候不佳的情況下貿然跑步，以免提高運動傷害的機率。</u>

（採訪整理／梁雲芳）

6-2

夏日夜跑
要注意的 5 個安全原則

　　夏天太陽毒辣，不想曬成小黑人，夜跑成為愛跑族的最愛，但夜跑易因光線不足而有安全死角，想安全夜跑，關鍵報你知！

　　雅靖平時就有跑步的習慣，夏天為避免曬黑，改為晚上夜跑。一次夜跑忘記穿戴螢光的配件，加上路燈未開，差點迎面撞上其他跑者，彼此都嚇了一大跳！因長期在跑步，跑起來的速度較快，若真撞上，衝擊力想必不小，讓她嚇得以後都一定檢查好裝配才敢出門夜跑。

　　在豔陽天下跑步，揮汗如雨不說，還有可能引發熱中暑、熱衰竭，所以一到夏天，很多人像雅靖一樣改採夜跑，但夜間光線不良，氣溫比白天低，易有安全死角，國家代表

隊隊醫、桃園長庚醫院復健科主治醫師林瀛洲分享自己曾經在夜跑時,因光線不足,差一點踩進凹洞裡,幸好及時發現,立即閃避,才沒有發生意外。他建議愛夜跑的人,不要追求速度,一切以安全為重,才能跑出健康、舒暢及快樂。

夜跑 5 大安全原則

1. 先從熟悉的路線跑起

從事夜跑,應從熟悉的路線開始跑,較不會不熟路況而發生意外,且能避掉意外帶來的運動傷害。

2. 穿戴螢光的安全裝備

晚上視線與白天不同,不易辨別哪裡有危險,為了避免路跑者陷入危險境地,也為了預防別人看不清正在路跑的人,一定要穿戴各種警示裝備,譬如穿螢光設計的運動衣褲、有反光條的慢跑鞋、佩戴閃爍亮光的手環或手臂帶。

3. 避免在昏暗道路上路跑

在沒有照明設備的昏暗道路上，很難看清前方的路線是否安全，所以不要貿然跑在昏暗的道路上。

4. 不戴耳機，保持專心專注

夜間的視線不好，更需要專心、專注路跑，戴著耳機、手機路跑很容易分心，拋掉3C產品，才能專心注意每一步伐、每一個心跳。

5. 注意保暖

夜間溫度會下降，尤其是秋冬時節，溫差很大，需採「三層式」穿著，最外層有保暖作用，最中層注重保護，最裡層要能排汗、透氣，再根據身體適應氣候的變化來穿脫。

（採訪整理／梁雲芳）

跑步時抽筋，怎麼緩解？

跑步時最怕抽筋，此時該怎麼緩解？台北醫學大學骨科部教授暨運動醫學科主任陳志華表示，一定要立刻停止跑步，不要再前進了，接著要休息、按摩、冰敷，等到抽筋部位鬆弛、緩解後，再慢慢拉直，恢復原本的狀態。

國家代表隊隊醫、桃園長庚醫院復健科主治醫師林瀛洲指出，預防抽筋比緩解抽筋來得重要，抽筋常會發生在水分，以及鈣、鉀、鈉離子大量流失的時候，不能等到感覺渴才開始補充水分，一定要在運動前、中、後大量攝取充足水分或含有電解質的運動飲料，建議的飲用速度是每15鐘喝100～200cc。另外，運動前的熱身也很重要，提高身體溫度及肌肉柔軟度，也可降低抽筋的發生。

（採訪整理／梁雲芳）

6-3
想參加馬拉松 如何自我訓練？

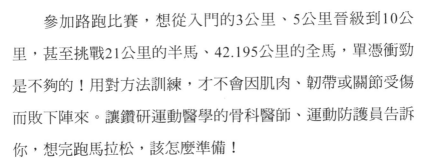

　　參加路跑比賽，想從入門的3公里、5公里晉級到10公里，甚至挑戰21公里的半馬、42.195公里的全馬，單憑衝勁是不夠的！用對方法訓練，才不會因肌肉、韌帶或關節受傷而敗下陣來。讓鑽研運動醫學的骨科醫師、運動防護員告訴你，想完跑馬拉松，該怎麼準備！

　　為了力行減肥，秀英決定以路跑開啟她的「新生活運動」，於是興沖沖地跟著慢跑經驗十年的同事媛媛，一起報名最近很夯的半馬21公里路跑。沒想到她才跑了5公里右腳就抽筋、頭暈想吐，最後只好停下來休息，看著媛媛逐漸遠去的背影直嘆氣……。

　　比賽應該是跑者經過至少半年的充分準備後，一較高下

的地方，不是初學者的練習場，應該訓練夠了再參賽，以免傷財又傷身；若在賽程中發現無法完成，那麼寧願走到終點或中途退場，也比負傷硬撐完來得好。

所謂「臺上三分鐘、臺下十年功」，臺上表現如何，與平日的訓練絕對相關，本篇告訴你該怎麼安排「訓練計畫」，才能安全、有效地培養出適合路跑的身體。

訓練需循序漸進不要急 每週以10%遞增訓練量

高達七成的慢跑新手撐不過前3個月就放棄，其中受傷者不少，這是為什麼？大多是不懂得鍛鍊就貿然上場。運動新手最常犯的毛病就是以為「不過是跑步嘛！大家都會跑」，於是把馬拉松當成國小體育課跑操場，第一次跑就挑戰幾公里的長跑，當然傷兵眾多。

新光醫院骨科運動醫學中心主任韓偉指出，不論3公里的短跑，或10公里以上的長跑，都要量力而為，「訓練過度或不足，都可能引發運動傷害，『恰如其分』是最好的」。而提升訓練量的原則應依循「10％漸進式法則」，也就是每周的訓練量，比上周多10％。

■路跑新手須知

　　新手可這樣安排，一周3次、每次20～30分鐘；假設第一周「每次」訓練20分鐘，第二周每次訓練22分鐘，第三周再加10％變成24～25分鐘……，以此類推，讓身體慢慢適應增加的訓練量，逐步提升「體力」。

　　每次練習時，「快走」跟「跑步」的比例也要採「漸進式原則」，建議第一次可從快走5分鐘、跑步1分鐘（5：1），到第二次的4：2（分鐘），第三次的3：3（分鐘）……，最後進展到先走路1分鐘，再跑步5分鐘。這樣每次循環都是6分鐘，但跑步的比例逐漸增加。

　　韓偉醫師提醒，新手入門至少要訓練6～8週，再評估是否有能力參加3～10公里的短距離路跑。而上述方法只是「原則」，跑者要依自己的疾病、年紀、受傷情況來調整訓練內容，發覺負荷不及時切莫勉強。有下肢舊傷或退化性關節炎的人、心血管疾病者、糖尿病者，需經過醫師同意再訓練。

■跑10公里長跑的進階者須知

　　能進行10公里以上長跑的人，除了使用10％法則以外，還可考量更多樣化的訓練法。

　　壢新醫院復健科醫師李朝智指出，原則上訓練內容要「肌耐力」、「有氧」並進；但愈長距離的路跑，心肺攝氧功能愈顯重要，所以從3或5公里的入門級，進階到10公里以上的長跑時，必須提高有氧的能力。

　　曾任職業棒球隊的運動傷害防護員、平時有參與三鐵運動，也處理三鐵選手等運動傷害問題的王煥文說，路跑比賽時有很多「戰術」應用，加上有些路跑場地變化大，所以練習時要先讓身體適應兩種跑法，分別是：

1.L.S.D

意思就是慢慢跑，強度不用太高，把距離與時間拉長，距離至少要達到比賽長度的60％。這種訓練的目的在增加心肺能力與耐力。

2.TEMPO RUN

盡量將心跳強度維持在最大心跳率的80％，達20～40分鐘以上；目的是讓身體適應「有點累但不至於不能運動」的狀態，且過程中盡量讓速度維持平均，不要忽快忽慢（每分鐘最大心跳率：220減去年齡；例如：30歲的每分鐘最大心跳為220－30＝190下）。

■想挑戰半馬21公里的進階者須知

想挑戰半馬的人，在半年到1年前就可開始準備，每週規律3或4次的跑步訓練，加起來共跑21～30公里（或是每周累積跑3～4小時）。

跑前最後一週開始減少訓練量，以免比賽當天提早耗

竭。切記愈靠近比賽，愈要好好休息與照顧好身體，因為大
比賽前、後，很容易受傷或感冒。

■想挑戰全馬42.195公里的進階者須知

準備全程馬拉松時，建議每週的跑量至少要達35～50
公里（或是每周累積跑達4～7小時），因馬拉松除了考驗
身體的有氧能力外，最後12公里也考驗選手的意志力與身
體忍耐力。

建議有1～2年以上規律跑步習慣的人再來挑戰全馬，較
不易受傷。訓練菜單除了LSD與 TEMPO RUN以外，建議再
加入間歇跑。因為間歇跑能大幅提升跑步的速度、耐力與忍
耐力。

「間歇跑」是在「充分熱身後」，以距離800～1200公
尺作為每一組的距離，跑步時讓心跳維持在最大心跳率約
85％～95％的強度。每組中間可停下休息2～3分鐘，或是慢
跑600公尺再進行下一組。建議初學者執行5組後，隨著能力
提升再慢慢增加至10組。要特別注意，因間歇跑有一定受傷

風險，務必確定身體狀況正常再執行。

空閒時輔以低強度的騎腳踏車、游泳 可提高心肺功能及肌耐力

　　跑者適合做什麼有氧及肌耐力訓練？除了每週固定的跑步訓練外，王煥文防護員分享說，騎腳踏車、游泳是很好的輔助法。騎腳踏車能提高心肺功能且訓練不同的下肢肌肉群，游泳可放鬆下肢肌肉、增加協調及上半身的強度。

　　事實上，王煥文防護員在正式比賽後的隔天或兩天內，就會開始慢跑、騎腳踏車或游泳，這樣做不但能減少賽後酸痛的程度，還能保持、甚至強化心肺功能。

　　想仿效的人要留意在中、高強度的運動後，不論慢跑、騎腳踏車或游泳，強度都不宜太強，以免疲勞無法恢復、反而加重，長期下來易形成慢性運動傷害，跑步、騎腳踏車、游泳都以低強度為宜，室內或戶外皆可。

　　李朝智醫師表示，下肢有傷或有退化性關節炎的人，待

身體狀況較好時，可嘗試快走、騎腳踏車，若想慢跑，切記
要把慢跑當成保養，不要勉強跑長距離，或競爭性強的馬拉
松，很容易使傷勢惡化。

呼吸運用、跑步速度
該如何調配？

　　呼吸方面，李朝智醫師建議「以鼻吸氣、以口吐氣」，
每次吸、吐時各跑2步，也就是每次呼吸的循環共跑4步，分
別是「鼻吸、鼻吸、口吐、口吐」。冬天過敏者易鼻塞，可
改用口呼吸。

　　至於速度，也就是「步頻」，韓偉醫師建議非職業的選
手可這樣訓練：每分鐘跑100～120步，大約每秒最多2步的
速度，教練或職業級可挑戰一分鐘180步的速度。

　　李朝智醫師建議，在賽前幾週可開始「模擬跑」，方法
是在總距離的前1/3，用自己全速的50％跑，中間1/3用全速
的70％跑，最後1/3再用全速的50％跑，到最後幾百公尺才以

全速衝刺到終點。

馬拉松的訓練計畫，或稱「運動處方」，在制度較完整的歐美，其實是專業教練或運動醫學醫師，經過體檢、體能測試等多方評估，才能設計的內容，但礙於國內運動環境不完整，目前民眾只能自費請教練或自行設計訓練內容。

值得留意的是，「馬拉松」並非低強度的運動，是一種挑戰自我的高強度運動，並非一蹴可幾，沒有紮實、穩健、半年以上的訓練不宜貿然參賽，全無運動經驗的新手更要謹慎。路跑的目的若是為了健康，真的沒必要用「競爭」來證明自己。

（採訪整理／葉語容）

【編輯後記】
享受跑步

文／葉雅馨（大家健康雜誌總編輯）

　　當你心情沮喪、工作壓力無法負荷，不妨試試「跑步」吧！跑步是一個隨時可行的運動方式。運動時產生的多巴胺、血清素、腦內啡和正腎上腺素，可消除壓力與焦慮，能穩定情緒、產生愉悅感，在跑步過程中都會發生。跑啊跑著，一些原本困擾的煩惱，將逐漸拋在腦後……

　　跑步的好處很多，不少跑者越跑越精，熱衷參加路跑比賽，但當中也遇到跑步疑問和運動傷害的困擾。比如說，「怎麼跑才能不受傷，遠離膝蓋、腿部的酸痛？」、「想要挑戰馬拉松，該如何練習？」、「如果舊傷一直好不了，該怎麼復健或做運動治療？」、「韌帶受傷、肌腱炎、膝痛，不想開刀，有什麼新的治療方法？」……，《享受跑步，這樣跑才健康！》書中，會解答這些困擾跑者的疑問，是強調如何避免運動傷害，教讀者自在享受跑步的一本書。

　　跑步前後的伸展操很重要，花點時間伸展即能預防運動

傷害，本書請專家示範，讓讀者可依圖跟著步驟練習，簡單學會。除此，一般慢跑者，跑步運動多半無法持續超過3個月，本書教跑者找到前進的動力和樂趣，並提醒短中長距離的路跑、夜跑該注意的安全事項，讓跑者維持好的跑步習慣。

這本新書，我們是從預防醫學觀念的角度出發，特別感謝台大醫院骨科部運動醫學科主任王至弘、台灣運動醫學會理事長葉文凌兩位專業醫師，撥冗為本書審訂推薦。也要感謝喜愛跑步運動的教育部體育署署長何卓飛、八方雲集董事長暨豆漿盃路跑賽開創者林家鈺、台灣運動傷害防護學會副理事長周適偉、合隆毛廠董事長暨四大極地超馬完賽者陳焜耀、倫敦奧運田徑馬拉松國手張嘉哲、國際超級馬拉松總會技術委員郭豐州、台灣健康運動聯盟創會理事長葉金川、宏全國際董事長暨三鐵運動愛好者戴宏全為本書推薦！

享受是一種意境和層次，常常是從熟悉的習慣中，擁有了一分自在，讀者們可以用自己的方式，透過逐漸養成的跑步習慣，體會那股跑步的美好。本書提供實用的方法和知識，不妨跟著書中建議，跑出你獨有的節奏和步調，另外，我們正編輯準備出版下一本新書《愛上跑步》，期待讀者在享受之餘，自然而然也就愛上它。

享受跑步
這樣跑才健康！

告別扭傷、膝痛，甩開運動傷害，教你不受傷，快樂動起來！

總　編　輯／葉雅馨
主　　　編／楊育浩
執　行　編　輯／蔡睿縈、林潔女
文　字　採　訪／胡恩蕙、葉語容、梁雲芳
封　面　設　計／比比司設計工作室
內　頁　排　版／廖婉甄

出　版　發　行／財團法人董氏基金會《大家健康》雜誌
發行人暨董事長／謝孟雄
執　行　長／姚思遠

地　　　　址／臺北市復興北路57號12樓之3
服　務　電　話／02-27766133#252
傳　真　電　話／02-27522455、02-27513606

大家健康雜誌網址／www.jtf.org.tw/health
大家健康雜誌部落格／jtfhealth.pixnet.net/blog
大家健康雜誌粉絲團／www.facebook.com/happyhealth

郵　政　劃　撥／07777755
戶　　　　名／財團法人董氏基金會

總　經　銷／聯合發行股份有限公司
電　　　話／02-29178022#122
傳　　　真／02-29157212

法律顧問／眾勤國際法律事務所
印刷製版／恆新彩藝有限公司
版權所有・翻印必究

出版日期／2015年9月4日初版
定價／新臺幣280元
本書如有缺頁、裝訂錯誤、破損請寄回更換
歡迎團體訂購，另有專案優惠，
請洽02-27766133#252

國家圖書館出版品預行編目(CIP)資料

享受跑步,這樣跑才健康! / 葉雅馨總編輯. --
初版. -- 臺北市：董氏基金會<<大家健康>>
雜誌, 2015.09
　面；　公分
ISBN 978-986-90432-6-7(平裝)
1.賽跑 2.運動訓練
528.946　　　　　　　104016078